現場で使える
ケアマネの医療知識便利帳

介護と医療研究会

翔泳社ecoProjectのご案内

株式会社 翔泳社では地球にやさしい本づくりを目指します。制作工程において以下の基準を定め，このうち4項目以上を満たしたものをエコロジー製品と位置づけ，シンボルマークをつけています。

資 材	基 準	期待される効果	本書採用
装丁用紙	無塩素漂白パルプ使用紙 あるいは 再生循環資源を利用した紙	有毒な有機塩素化合物発生の軽減（無塩素漂白パルプ） 資源の再生循環促進（再生循環資源紙）	○
本文用紙	材料の一部に無塩素漂白パルプ あるいは 古紙を利用	有毒な有機塩素化合物発生の軽減（無塩素漂白パルプ） ごみ減量・資源の有効活用（再生紙）	○
製版	CTP（フィルムを介さずデータから直接プレートを作製する方法）	枯渇資源（原油）の保護，産業廃棄物排出量の減少	○
印刷インキ*	植物油を含んだインキ	枯渇資源（原油）の保護，生産可能な農業資源の有効利用	○
製本メルト	難細裂化ホットメルト	細裂化しないために再生紙生産時に不純物としての回収が容易	○
装丁加工	植物性樹脂フィルムを使用した加工 あるいは フィルム無使用加工	枯渇資源（原油）の保護，生産可能な農業資源の有効利用	

* パール，メタリック，蛍光インキを除く

本書内容に関するお問い合わせについて

■ 本書に関するお問い合わせ，正誤表については，下記のWebサイトをご参照ください。

　お問い合わせ　　http://www.shoeisha.co.jp/book/qa
　正誤表　　　　　http://www.shoeisha.co.jp/book/errata

■ インターネットをご利用でない場合は，FAXまたは郵便で，下記にお問い合わせください。

　〒160-0006　東京都新宿区舟町5　（株）翔泳社 愛読者サービスセンター
　FAX番号：03-5362-3818

電話でのご質問は，お受けしておりません。

●免責事項
※本書の記載内容は、2015年2月現在の法令等に基づいています。
※本書は、ケアプラン作成に参考にしていただくために知っておいていただきたい知識をまとめています。実際に、医療に関する方針を決めたり、指導や判断を行うのは、医師などの医療職です。
※本書の出版にあたっては正確な記述に努めましたが、著者および出版社のいずれも、本書の内容に対してなんらかの保証をするものではありません。
※本書に記載されたURL等は予告なく変更される場合があります。

※本書に記載されている会社名，製品名はそれぞれ各社の商標および登録商標です。
※本書では™, ®, ©は割愛させていただいております。

はじめに

　ケアプラン作成にあたっては、生活・介護・医療など多岐に渡る知識が必要とされます。しかし、すべての分野に渡って専門家と同等の知識を持つことを求められているわけではありません。

　むしろ、知識よりも、多職種の力を束ねる力が求められます。いわば、オーケストラの指揮者のような立場でしょう。ケアマネジャーは利用者それぞれに異なる、その人らしい生活環境をつくるための調整役と考え、そのために必要な知識のひとつとして「医療知識」を学んでいきましょう。

　本書では、ケアプラン作成時のために必要な医療知識のエッセンスをまとめています。医療知識は、敷居が高く難しいと思われがちですが、基本的な医療知識であればけして難解なものではありません。すべての医療知識を網羅する必要はなく、基本的な知識だけで十分です。足りない知識はそれぞれの専門家と連携し、補えばよいのです。

　高齢社会では、多少なりとも生活支援が必要になる方が多くなります。そのような社会背景の中で、ケアマネジャーの役割は、ますます重要になるでしょう。ケアマネジャーの皆さんが、本書を通して医療への関心を持ち、利用者のよきパートナーとなることを心より願っています。

2015年3月　笹岡 大史

本書の使い方

連携シートのダウンロード方法

本書のサンプルは、以下のWebサイトから無料でダウンロードしてご利用いただけます。

『現場で使えるケアマネの医療知識 便利帖』ダウンロードページ
http://www.shoeisha.co.jp/book/download/9784798137957

❶ ダウンロードページに移動後、「連携シート」というリンクをクリックしてください。

❷ Windows7以降　[ダウンロード] フォルダにファイルがダウンロードされます。

Windows7より前　[ファイルのダウンロード] というダイアログが表示されるので、[保存] ボタンをクリックすると、[名前を付けて保存] ダイアログが表示されます。お好きな場所に保存してください。

❸ Windows7以降　❷でダウンロードした [renkei.zip] という圧縮ファイルを右クリックしてコンテキストメニューの [すべて展開] をクリックし、表示されるダイアログの [展開] ボタンをクリックします。

Windows7より前　ダウンロードしたファイルをダブルクリックします。

❹ ファイルが解凍され、シートをご利用いただけます。

ファイルにはWord形式のシートと、PDF形式のシートがあります。必要に応じて出力し、ご利用ください。Word形式のシートは、本文をご参照のうえ、ケースに応じてカスタマイズしていくとよいでしょう。

本書の構成

本書は、ケアマネジャーに医療知識が必要な理由（Part1）、高齢者に多い疾患の解説（Part2）、ケアマネジャーが知っておきたい医療基礎知識（Part3）の大きく3つで構成されています。
ケアプランの作成、医療職との利用者情報の共有強化のためにお役立てください。

◆Part 2

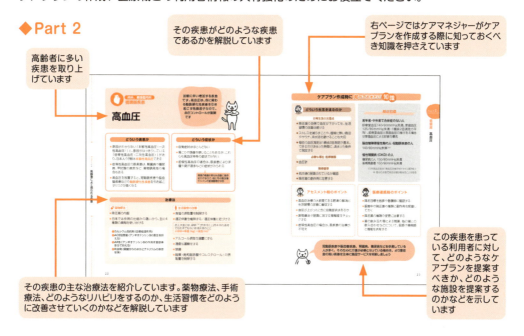

- 高齢者に多い疾患を取り上げています
- その疾患がどのような疾患であるかを解説しています
- 右ページではケアマネジャーがケアプランを作成する際に知っておくべき知識を押さえています
- その疾患の主な治療法を紹介しています。薬物療法、手術療法、どのようなリハビリをするのか、生活習慣をどのように改善させていくのかなどを解説しています
- この疾患を患っている利用者に対して、どのようなケアプランを提案すべきか、どのような施設を提案するのかなどを示しています

◆Part 1、3

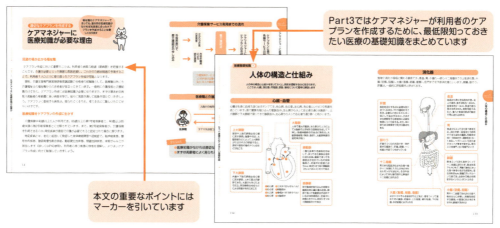

- Part3ではケアマネジャーが利用者のケアプランを作成するために、最低限知っておきたい医療の基礎知識をまとめています
- 本文の重要なポイントにはマーカーを引いています

もくじ

はじめに 003

本書の使い方 004

Part 1
なぜケアマネに医療知識が必要か

適切なケアプランを作成する
ケアマネジャーに医療知識が必要な理由 012

地域医療連携室と付き合う
ケアマネジャーと医療ソーシャルワーカーの連携 ... 014

「その人らしい生活」をサポート
利用者を知り環境を整える 016

医師との情報共有の場
サービス担当者会議の積極参加を求める 018

COLUMN ケアマネジャーと相談員の関わり 020

Part 2
高齢者によく見られる疾患

`内科、循環器内科` 循環器疾患 **高血圧** 022

`内科` 代謝・内分泌疾患 **糖尿病** 024

`内科、循環器内科` 代謝・内分泌疾患 **脂質異常症** 026

内科、神経内科	脳神経疾患	**脳梗塞**	028
内科、神経内科	脳神経疾患	**脳内出血**	030
内科、神経内科、精神科など	脳神経疾患	**認知症**	032
内科、脳神経外科	脳神経疾患	**くも膜下出血**	036
内科、神経内科	脳神経疾患	**てんかん**	038
内科、脳神経外科	脳神経疾患	**慢性硬膜下血腫**	040
内科、脳神経外科	脳神経疾患	**急性硬膜下血腫**	041
神経内科	脳神経疾患	**パーキンソン病**	042

COLUMN 被保険者の資格要件と特定疾病 ………… 043

内科、循環器内科	循環器疾患	**狭心症**	044
内科、循環器内科	循環器疾患	**不整脈**	046
内科、循環器内科	循環器疾患	**心不全**	048
内科、呼吸器内科	呼吸器疾患	**肺炎**	050
内科、呼吸器内科	呼吸器疾患	**気管支喘息**	052
内科、呼吸器内科	呼吸器疾患	**慢性閉塞性肺疾患（COPD）**	054
内科、呼吸器内科	呼吸器疾患	**気管支炎**	056
内科、呼吸器内科	呼吸器疾患	**肺線維症**	058
内科、呼吸器内科	呼吸器疾患	**間質性肺炎**	059
内科、呼吸器内科	呼吸器疾患	**肺結核**	060
内科、消化器内科	消化器疾患	**胃潰瘍**	062

| 内科、消化器内科 | 消化器疾患 | 十二指腸潰瘍 ……………………… 064
| 内科、消化器内科 | 消化器疾患 | 便秘 …………………………………… 066
| 消化器内科、消化器外科 | 消化器疾患 | 腸閉塞 ………………………… 068
| 内科、消化器内科 | 消化器疾患 | 胆石症 ………………………………… 070
| 消化器内科 | 消化器疾患 | 肝硬変 …………………………………… 072
| 消化器内科 | 消化器疾患 | 胆のう炎 ………………………………… 074
| 消化器内科 | 消化器疾患 | 虚血性大腸炎 …………………………… 076
| 消化器内科 | 消化器疾患 | 偽膜性大腸炎 …………………………… 077
| 消化器内科 | 消化器疾患 | 大腸ポリープ …………………………… 078
| 消化器外科 | 消化器疾患 | 鼠径ヘルニア …………………………… 079
| 腎臓内科 | 腎・泌尿器疾患 | 腎不全（急性腎不全・慢性腎不全） …… 080
| 泌尿器科 | 腎・泌尿器疾患 | 前立腺肥大症 ……………………… 082
| 内科、泌尿器科 | 腎・泌尿器疾患 | 尿路感染症（尿道炎・膀胱炎・腎盂腎炎） 084
| 泌尿器科 | 腎・泌尿器疾患 | 神経因性膀胱 ……………………… 086
| 泌尿器科 | 腎・泌尿器疾患 | 過活動膀胱 ………………………… 087
| 内科、腎臓内科 | 腎・泌尿器疾患 | 慢性腎臓病（CKD） ……………… 088
| 皮膚科、アレルギー科 | 皮膚疾患 | 薬疹 ……………………………… 089
| 内科 | 感染症疾患 | ノロウイルスによる感染性胃腸炎 ………… 090
| 内科 | 感染症疾患 | インフルエンザ ……………………………… 091
| 内科 | 感染症疾患 | MRSA（メシチリン耐性黄色ブドウ球菌）感染症 … 092
| 内科 | 感染症疾患 | O157感染症 …………………………………… 093
| 皮膚科 | 感染症疾患 | 白癬（水虫） ………………………………… 094

内科、救急科	感染症疾患 **敗血症**	095
整形外科	骨・関節疾患 **骨粗しょう症**	096
膠原病内科、整形外科	骨・関節疾患 **関節リウマチ**	098
内科、皮膚科	皮膚疾患 **帯状疱疹**	100
皮膚科	皮膚疾患 **褥瘡（床ずれ）**	102
皮膚科	皮膚疾患 **疥癬**	104
皮膚科	皮膚疾患 **皮脂欠乏症・皮膚掻痒症・脂漏性皮膚炎**	106
整形外科（脊椎脊髄科）	骨・関節疾患 **腰部脊柱管狭窄症**	107
眼科	眼科疾患 **白内障**	108
眼科	眼科疾患 **緑内障**	110
歯科	歯科疾患 **歯周病**	112
内科、耳鼻咽喉科	口腔疾患 **口内炎**	114
消化器内科、消化器外科	がん疾患 **胃がん**	116
呼吸器内科、呼吸器外科	がん疾患 **肺がん**	118
内科、緩和ケア科	がん疾患 **がん末期**	120
神経内科	脳神経疾患 **筋萎縮性側索硬化症（ALS）**	122
耳鼻咽喉科	その他の疾患 **味覚障害**	123
神経内科	脳神経疾患 **睡眠障害**	124

高齢者によく見られる症状

浮腫（むくみ） ……………………… 125
廃用症候群 ………………………… 126

ダウンロード対応
介護・医療連携シート ……………………………………… 128

Part 3
もう一度確かめておきたい基礎知識

医療基礎知識❶
人体の構造と仕組み ………………………………………… 132

医療基礎知識❷
知っておきたい認知症知識 ………………………………… 136

医療基礎知識❸
知っておきたい医療用語 …………………………………… 142

医療基礎知識❹
知っておきたい薬一覧 ……………………………………… 148

医療基礎知識❺
終末期におけるケアマネジャーの役割 …………………… 154

索引 ……………………………………………………………… 158

Part 1

なぜケアマネに医療知識が必要か

適切なケアプランを作成する
ケアマネジャーに医療知識が必要な理由

福祉職のケアマネジャーであっても、基本的な医療知識がなければ利用者に合ったケアプランを作成することは難しくなります

活躍の場が広がる福祉職

　ケアプラン作成において重要なことは、利用者の病気の経過（現病歴）を把握することです。介護が必要となった障害の原因把握し、これからの病状経過の予測することで、利用者1人ひとりに寄り添ったケアプラン作成が可能となります。
　現在、介護支援専門員実務研修受講試験の合格者の前職種として、医療職以外にも介護福祉士の福祉職からの合格者が目立ってきています。一般的に介護技術と介護知識だけでなく、ケアプラン作成には医療知識が必要になりますが、まずは基本的な病気や高齢者の年齢層に多い病気を学び、徐々に実践を通して知識を深めていきましょう。ケアプランに直結する病気は、限られてくるため、考えるほどに難しいものではないはずです。

医療知識をケアプランの作成に生かす

　介護保険は40歳以上の人が利用でき、65歳以上の第1号被保険者と、40歳以上65歳未満の第2号被保険者とに分類されています。また、第2号被保険者が、介護保険を利用できるのは、特定疾病が原因で介護が必要であると認定された場合に限ります。
　特定疾病とは、老化に起因して発症した身体機能障害や認知症で、脳神経疾患、整形外科疾患、糖尿病慢性期合併症、動脈硬化性疾患、閉塞性肺疾患、末期がんなどが該当します（詳しくはP43参照）。利用者の持つ疾患の特性を理解し、よりよいケアプラン作成に向けて勉強していきましょう。

Part1 ケアマネジャーに医療知識が必要な理由

介護保険サービス利用までの流れ

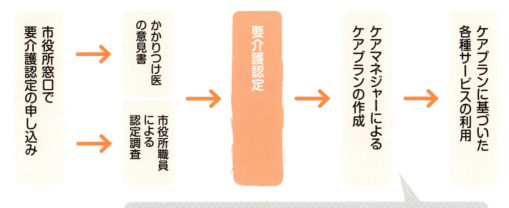

介護保険サービスを利用する場合は、介護サービス計画書（ケアプラン）の作成が必要となる。ケアマネジャーはどのサービスをどう利用するか、本人や家族の希望などを考慮して、ケアプランを作成する

医療職と介護職が同等の関係を築く

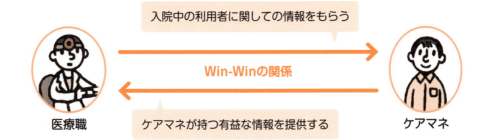

Point

- 医療知識がなければ適切なケアプラン作成は難しい
- まずは高齢者によく見られる疾患を押さえておく

地域医療連携室と付き合う
ケアマネジャーと医療ソーシャルワーカーの連携

医療ソーシャルワーカーは患者の退院後の相談などケアマネジャーと連携をとり、患者をサポートします

顔の見える関係づくりを

　病院には、地域医療連携室（地域連携室）という地域のケアマネジャーへの引き継ぎをする担当部署があります（医療福祉相談室、ソーシャルワーカー室などとする病院もある）。医療ソーシャルワーカー（MSW）が、患者の病態を把握し、適切な在宅療養が受けられるように退院時の調整を行います。退院後に介護サービスの利用が必要と判断される場合には、介護保険の諸手続きのサポートも行い、ケアマネジャーにケアプランの作成依頼をします。

　ケアマネジャーによっては、大病院のMSWとの連携に慣れていないこともあります。いざというときに迅速な対応がとれるように、普段から医療連携室へ訪問したり、勉強会などに参加したりして顔の見える関係をつくっておくことが大切です。

病気と寄り添いながら生活するために

　病院からの退院先は、自宅、高齢者集合住宅などさまざまですが、ケアプラン作成にあたり、まず病状の把握とともに必要なことは、患者の生活環境因子を的確に捉えることです。急性期医療では、救命や病気の治療が最も大切なことですが、病状が安定したあとには、1人の人間として日常生活に戻ることになります。

　高齢者になると入退院を繰り返しながら介護が必要になることも多く、病気と寄り添いながら生活しています。生活環境因子を把握しているケアマネジャーとMSWの連携は欠かせないものです。

医療ソーシャルワーカーの役割

医療ソーシャルワーカー：**MSW** (**M**edical **S**ocial **W**orker)

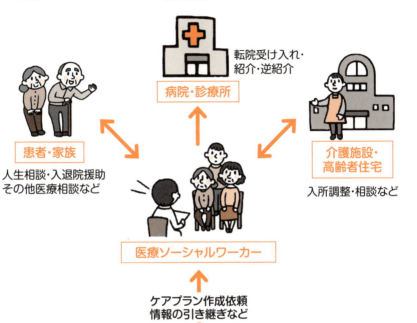

- 病院・診療所：転院受け入れ・紹介・逆紹介
- 患者・家族：人生相談・入退院援助 その他医療相談など
- 介護施設・高齢者住宅：入所調整・相談など
- 医療ソーシャルワーカー
- ケアマネジャー：患者・利用者に寄り添う
- ケアプラン作成依頼 情報の引き継ぎなど

サービス連携・調整
- 福祉用具専門相談員
- 訪問看護ステーション
- 訪問介護事業所
- 在宅診療医
- 訪問リハビリテーション
など

Part1 ケアマネジャーと医療ソーシャルワーカーの連携

Point
- MSWは患者の入退院の相談やケアマネへの引き継ぎを行う
- 普段から顔の見える関係づくりをしておく

15

「その人らしい生活」をサポート
利用者を知り環境を整える

利用者へ適切な施設を紹介するためにも、面接ではその人らしさを知ることがケアマネジャーには求められます

適切な施設を選択するために

　その人らしい生活をサポートするために、ケアマネジャーは病気だけでなく、家族背景、住居の状態、経済的背景まで確認する必要があります。

　さらに、面接をするときには、好みや人生観などを知ることも重要です。ケアプラン作成にあたり、1人ひとりの価値観も生きてきた環境も異なり、「その人らしく暮らせる」環境を整えることが、ケアマネジャーの大切な仕事です。

　また、利用者へ適切な施設を紹介するためにも、医療知識は欠かせません。利用者が抱える持病や疾患に適した施設はどこであるのか、どのようなスタッフがいる施設であれば利用者の状態変化にすばやく対応できるのかなど、「利用者の生活の質を低下させないためにはどうするのか」を考えるために必要です。

最後は利用者本人の意思を尊重

　利用者の適切な施設や住居を見つけるには、ケアマネジャーの判断とともに、本人が最終的な判断をする必要があります。介護施設や高齢者集合住宅の充足度もさまざまであり、いくつかの選択肢を見極めて、利用者に提示しましょう。

　また高齢者集合住宅の選択については、ケアマネジャーだけでは限界もあり、紹介会社の利用を考慮する必要もあります。紹介会社は情報量と経験値をもとに、入居者のマッチングを行うので、入居後のトラブルを減らすことができます。しかし、紹介会社によっては、紹介料の高い高齢者集合住宅への誘導が発生する可能性もありますので、普段から利用者側に立った紹介会社を見極めておくことも大切です。

介護施設の種類

- **要支援**…現在、介護の必要はないが、将来的に要介護状態になる可能性がある状態。介護予防の支援を受けることができる
- **要介護**…現在、介護サービスが必要である状態。在宅と施設の介護サービスを利用できる

要介護1	日常生活はほぼ1人でできるが、部分的に介護が必要
要介護2	要介護1に加え、歩行や食事などの日常動作にも部分的に介護が必要
要介護3	日常動作でほぼ全面的に介護が必要。認知症では問題行動が起こる
要介護4	日常生活全般にわたり、介護なしでは日常生活が困難
要介護5	生活全般に全面的な介護が必要で、介護なしでは日常生活が送れない

【月額料金】

高
- 有料老人ホーム

中
- サービス付き高齢者住宅
- グループホーム
- 特別養護老人ホーム（常に介護が必要で、自宅での介護ができない人のための施設）
- 介護老人保健施設（リハビリに重点をおいた介護を目的とする施設）
- 介護医療型医療施設（長期間の治療が必要で医療・看護・介護の体制が整っている施設）

低
- 養護老人ホーム
- 軽費老人ホーム

※「軽費老人ホームA型」、「軽費老人ホームB型」、「ケアハウス（軽費老人ホームC型）」の3つを総称して「軽費老人ホーム」という

自立　要支援1　要支援2　要介護1　要介護2　要介護3　要介護4　要介護5

Part1 利用者を知り環境を整える

Point
- 施設サービスは、それぞれ入所条件などに違いがある
- ケアマネジャーが選択肢を提示し、利用者に選択してもらう

医師との情報共有の場

サービス担当者会議の積極参加を求める

1人の人を多職種が支えるために情報を共有し、具体的な方針を決定していくプロセスを経て、心を1つにする場がサービス担当者会議です

日頃から医師とコミュニケーションを図る

サービス担当者会議はケアマネジャーが主催し、すべてのサービス事業者が参加して行われる会議です。会議には利用者の主治医も参加しますが、多忙な医師との連携に難しさを感じることもあるかもしれません。そこで、ケアマネジャーからの働きかけが必要となります。

まず、利用者がかかりつけ医に通院するときに同行し、病状の把握をするとともに、普段から医師と顔を合わせておきます。現在の利用者の様子を伝えるとこから、医師とのコミュニケーションを始めるのです。医師が多忙のときには、病状を知る看護師からの情報も大切です。医療職にとっては、患者の普段の生活環境などを知ることで、治療方針を見直すことができます。

利用者に入院があった場合には、繰り返す入退院を防ぐ意味でも、早い段階から家族とともに入院先の主治医と面会する機会をつくることも考慮します。

時と場合に合わせて開催場所を変える

サービス担当者会議を主催するにあたっては、患者の住まいでの開催が理想的とされますが、積極的な医師の参加を求めるためには、柔軟に病院や介護施設などで開催することもひとつの方法です。

このように医療者の立場も配慮した上で、コミュニケーションを取っていくことで、スムーズな連携が可能となります。医師だからといって、決して臆することなく力を合わせ、有意義なサービス担当者会議を開催していきましょう。

ケアマネが主催するサービス担当者会議

サービス担当者会議の目的
- ☑ 利用者やその家族の生活と課題の共通理解
- ☑ 利用者の生活機能向上のための目標設定、支援方針、支援計画などの協議

主なサービス担当者会議の参加者

ケアマネジャー
アセスメント結果の報告と原案の提示

利用者・家族
希望する生活のあり方や
サービス利用の意向

主治医
医学的管理に関する
情報提供と意見

介護施設の職員

住宅サービス担当者など
サービス実施上の課題と解決方法、
今後の方針の確認

積極的な医師の参加を図るために
- 利用者の受診に同席する
- 日常的な医師とのコミュニケーション
- 開催場所の柔軟な変更

Point
- ●専門的見地からケアプランについての意見を求める
- ●担当者が出席できない場合は、紹介等により意見を求める

Part1 サービス担当者会議の積極参加を求める

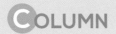

ケアマネジャーと相談員の関わり

　在宅介護が困難な場合には、介護施設や高齢者住宅に入所・入居することになり、ケアマネジャーがそこにいる相談員と関わる必要があります。介護施設の場合には、普段からショートステイやデイケアなどを利用し、利用者本人・家族と介護施設の相談員との信頼関係を構築していくことを心がけましょう。

　高齢者住宅の場合は、担当の介護サービス利用者が入居したあとも関係は続きます。入居後の利用者の様子を知るとともに、相談員との顔の見えるの付き合いを大切にしましょう。

　特に利用者のADLの情報などは、入所をしていればすぐにわかりますが、今までの生活背景や家族背景などの情報は、それまで関わってきたケアマネジャーのほうが詳しいことがほとんどです。利用者や施設職員とが感じるギャップを最小限に留めるためにも、過去の人生エピソードやその人の背景が入所後の対応にも欠かせません。

　また医療面でも、どのような経緯で現在の疾患に至ったのか、経緯と生活の変化という情報こそが重要です。医療ソーシャルワーカーから引き継いだ内容や服薬管理の注意点もしっかり相談員に伝えなければなりません。

　ケアマネジャーと相談員は、あくまでも対等な立場です。お互いの持つ利用者情報を共有し、心地よく生活してもらうためによく話し合い、同じケアプランの目標達成のために取り組んでいかなければならないのです。

Part 2

高齢者に
よく見られる疾患

内科、循環器内科
循環器疾患

高血圧

加齢に伴い増加する疾患です。高血圧は、命に関わる動脈硬化性疾患を引き起こす危険因子なので、血圧コントロールが重要です

どういう疾患か

- 原因がわからない「本態性高血圧（一次性高血圧）」と、原因がはっきりしている「症候性高血圧（二次性高血圧）」があり、日本人の9割は**本態性高血圧**である
- 症候性高血圧の原疾患は、腎臓病や糖尿病、甲状腺の病気など。薬物誘発性の場合もある
- 高血圧を放置すると、冠動脈疾患や脳血管疾患などの**動脈硬化性疾患**を引き起こすリスクが高くなる

どういう症状か

- 自覚症状はほとんどない
- 肩こりや頭痛を感じることもあるが、これらも高血圧特有の症状ではない
- 症候性高血圧の場合は、原疾患により浮腫や発汗過多などの症状がみられる

> 室温の急激な変化は血管に負担をかけるので、特に冬は風呂場やトイレの室温管理が大切

治療法

薬物療法

- 降圧薬の内服
- 日本では作用の仕組みの違いから、主に4種類の薬剤を使い分ける

  1. カルシウム拮抗剤（血管拡張作用）
  2. ACE阻害薬（アンギオテンシンIIの産生を抑える）
  3. ARB（アンギオテンシンIIの作用を受容体部分で抑える）
  4. 利尿剤（腎臓からの水分とナトリウムの排泄促進）

生活習慣の改善

- 食塩の摂取量を制限する
- 適正体重を維持する／適正体重に近づける

  > 適正体重とは、BMI(※)が18.5以上25未満の痩せでも肥満でもない普通体重のこと
  > ※BMI＝体重(kg)÷身長(m)^2

- アルコール摂取を適量にする
- 適度な運動をする
- 禁煙
- 脂質（飽和脂肪酸やコレステロール）の摂取量を制限する

ケアプラン作成時に 知っておきたい！知識

どういう生活を送るのか

日常生活の注意点

- 降圧薬の効果で血圧が下がっても、生活習慣の改善は続ける
- ストレスを減らすことや、極端に熱い風呂やサウナ、冷水浴を避けることも大切
- 毎日の血圧測定は1機会2回測定が基本。できるだけ決まった時間に、決まった条件で測定する

必要な福祉・医療機器

- 血圧計

服薬管理

- 処方通り服薬されているか確認
- 降圧薬の副作用に注意する

降圧目標

若年者・中年者で合併症のない人
診察室血圧140/90mmHg未満、家庭血圧135/85mmHg未満（1機会2回測定の平均）。診察室血圧と家庭血圧の差がある場合は家庭血圧による診断を優先

脳血管障害慢性期の人・冠動脈疾患の人
140/90mmHg未満(※)

慢性腎臓病（CKD）の人
糖尿病の人 130/80mmHg未満
後期高齢者 150/90mmHg未満

（日本高血圧協会「高血圧治療ガイドライン2014」）
※ 個々の状態で降圧目標が異なることがある

Part2 循環器 高血圧

アセスメント時のポイント

- 高血圧治療の大前提である肥満の解消と生活習慣の改善に着目する
- 血圧が上がったときに自覚症状はあるか
- 薬物療法や服薬に対する理解度をチェックする
- 症候性高血圧の場合は、原疾患の治療が不可欠

医療連携時のポイント

- 降圧目標を医師や看護師に確認する
- 服薬中の降圧薬の種類と副作用を把握しておく
- 降圧薬の種類の変更に注意する
- 薬の飲み忘れ等による残薬、他の薬との飲み合わせなどについて、医師や薬剤師と情報を共有する

冠動脈疾患や脳血管疾患、腎臓病、糖尿病などを併発している人が多く、そのために介護が必要となっている場合は、より重症度の高い疾患を主体に施設サービスを判断しましょう

内科
代謝・内分泌疾患

糖尿病

食事療法、運動療法、薬物療法による血糖コントロールが重要。介護職も、インスリン療法や合併症、フットケアに対する知識が必要です

どういう疾患か

- 食べすぎや運動不足などによる肥満が原因の「2型糖尿病」と、もともとの体質による「1型糖尿病」がある。日本人の場合、90%以上が**2型糖尿病**
- **インスリンの働きが低下**し、血糖値が上がる（2型糖尿病の場合）
- 3大合併症として、網膜症、腎症、神経障害がある。冠動脈疾患などの発症リスクも上昇する

どういう症状か

- 2型糖尿病の場合、初期は自覚症状がないが、血糖の高い状態が続くと、頻尿、喉の渇き、食べているのに痩せる、体がだるく疲れやすいなどの症状が出現する
- 糖尿病が進行すると、糖尿病性昏睡（ケトアシドーシス）という、意識不明の状態になることもある

治療法

薬物療法

- 糖尿病治療薬には、インスリンの分泌を促す薬、インスリンの効きをよくする薬、食後の高血糖を抑える薬などがあり、1〜2種類を組み合わせる
- インスリンを注射して補う

生活習慣の改善

- 合併症予防のための血糖コントロール目標は、HbA1c7.0%未満とする
- 膵臓の負担を軽くするためと、体重をコントロールするために、決められた適正エネルギー量（1日に摂取してよい総カロリー量）の範囲で、バランスよく栄養を摂取する
- 糖質（ご飯、パン、菓子など）の摂りすぎに注意する

リハビリ

- エネルギーを消費したり、インスリンの働きをよくしたりするために、毎日適度な運動を行う（1日30分以上の歩行など）
- 脂肪を効率よく燃焼させ、体脂肪を減らす有酸素運動と、質のよい筋肉を増やす筋トレ、筋肉にたまった疲れをとり、運動効果を上げるストレッチングをバランスよく行う

ケアプラン作成時に 知っておきたい！知識

Part2
代謝・内分泌　糖尿病

どういう生活を送るのか

日常生活の注意点
- 薬物療法やインスリン療法で血糖値が安定していても、食事療法や運動療法は続ける
- 血糖値の自己測定をしている人は、血糖値の変動に注意
- 風邪などで体調をくずすと、血糖コントロールが乱れることがある
- 靴ずれなど小さな傷が治りにくく、壊死に発展することがあるので、フットケアを行う
- 合併症で網膜症になれば失明の危険があり、腎症になれば人工透析が必要に。神経障害から、主に下肢の壊死や切断に至ることもある

> 合併症の神経障害があると、ケガなどをしても気がつかないことがある

必要な福祉・医療機器
- インスリン療法中の人や低血糖を起こしやすい人などには、血糖自己測定器や尿糖検査試験紙を行う

服薬管理
- インスリン療法では、血糖値自己測定、インスリン注射、食事摂取のタイミングが重要
- 管理がしやすいようにインスリンの種類や回数を減らす配慮をする
- 糖尿病治療薬を飲んでいたり、インスリン療法を行っていたりする場合は、低血糖になり、あくびや不快感、考えがまとまらない、冷や汗、動悸、めまい、ふるえなどの症状が現れることもあるので注意する。低血糖で意識を失ったり昏睡になると危険

アセスメント時のポイント

- 食事療法や運動療法が行えているか
- インスリンの管理ができているか
- 血糖値の自己測定をしている場合、自力で正しく行えているか
- 低血糖の頻度や合併症の状況

医療連携時のポイント

- 血糖の目標数値（※）を理解しておく
  ※日本糖尿病学会「糖尿病治療ガイド2012-2013 血糖コントロール目標改訂版」参照
- 糖尿病治療薬の変更や、インスリンの量の変更に注意する
- 合併症の程度や必要なケアについて、医療職と情報を共有する

> インスリン療法中の場合は、血糖自己測定、インスリン注射の管理が可能な施設であることが大切です。合併症のある人は、その重症度に応じて考えましょう

内科、循環器内科
代謝・内分泌疾患

脂質異常症

脂肪やコレステロールの摂りすぎに目が向きがちですが、炭水化物（糖質）は体内で脂肪として蓄積されやすいことがわかっています。脂質異常症は動脈硬化を招き、心疾患などの危険因子にもなります

どういう疾患か

- 高LDL-コレステロール血症、高中性脂肪血症、低HDL-コレステロール血症のうち1つでもあれば脂質異常症である
- 原因は食べすぎと運動不足による肥満だが、生まれつきLDL-コレステロール値や中性脂肪値が高い人もいる
- 予備軍も含め2,200万人以上。**男性は30～50歳代**、**女性は50歳代**から増加
- 放置すると**動脈硬化**になり、心筋梗塞などの動脈硬化性疾患につながる

どういう症状か

- 自覚症状はなく、脂質異常症を自覚している人は全体の30％程度
- 肥満が原因のメタボリックシンドロームから、高血圧や高血糖になり、狭心症や心筋梗塞、脳梗塞などの動脈硬化性疾患が起きて気づくこともある
- 動脈硬化性疾患の1つで、下肢の動脈が詰まる閉塞性動脈硬化症になると、下肢のしびれや痛み、痛間欠跛行などが現れる

治療法

薬物療法

- 血液中のコレステロール値を低下させるスタンチン（HMG-CoA還元酵素阻害薬）を用いる
- スタンチンは、高脂血症患者での心筋梗塞や脳血管障害の発症リスクを低下させる効果がある
- LDL-コレステロールが高い場合、中性脂肪が高い場合、LDL-コレステロールと中性脂肪が高い場合で、薬の組み合わせが異なる
- 動脈硬化の進行を抑える効果のある、EPA製剤（※）が処方されることもある

※EPA＝青魚に含まれるイコサペンタエント酸という不飽和脂肪酸

生活習慣の改善

- 適正体重（P22参照）を目指し、食事療法と運動療法で体重をコントロール
- 栄養バランスの目安は、タンパク質：脂質：炭水化物＝2：3：5。ビタミン、ミネラルも十分に摂ることを心がける
- 適度な運動には、良質な筋肉を増やしてエネルギー消費を促し、HDL-コレステロール（善玉コレステロール）を増やすという効果がある

ケアプラン作成時に知っておきたい！知識

どういう生活を送るのか

日常生活の注意点

- 食事と運動の習慣を整える。特に炭水化物（糖質）の摂りすぎ、間食、夜遅くの夜食は控える（糖質コントロール）
- 運動療法には、血管を丈夫にして血栓をできにくくする効果があるので、薬物療法中も食事療法と運動療法は続ける
- 動脈硬化の危険因子である喫煙、ストレス過多、感染症（虫歯、歯周病など）を避ける
- 体重測定・記録、食事の記録が体重コントロールに有効に働く（レコーディングダイエット）

必要な福祉・医療機器

- 体重計（できればBMIも表示されるものが望ましい）

服薬管理

- 処方通り服薬されているか確認する
- 脂質異常症は無症状のため、薬を飲み忘れたり、中断してしまう人が多いが、放置すると高血圧や糖尿病、さらには動脈硬化性疾患へと発展することも少なくないので、服薬の継続が重要

Part2 代謝・内分泌　脂質異常症

アセスメント時のポイント

- 体重コントロールができているか。できていないなら何が問題か
- 食習慣、調理方法や食事中の環境
- すでに動脈硬化が進んでいる場合は、激しい運動を避ける
- 喫煙（受動喫煙にも注意）、虫歯、歯周病など動脈硬化の危険因子の有無

医療連携時のポイント

- 薬の服用状況について情報を共有する
- 注意すべき薬の副作用を確認する
- 動脈硬化の程度や、動脈硬化性疾患のうち特に何に注意すればよいか確認する

治療の基本は生活習慣の改善と薬物療法です。適正体重を維持するために運動を行うことが大切ですが、やりすぎないためにもどのような運動を、どれくらいやればいいのかを主治医の指導を受けながら行いましょう

内科、神経内科
脳神経疾患

脳梗塞（のうこうそく）

脳梗塞の原因の多くは動脈硬化です。高血圧、糖尿病、肥満、喫煙などが危険因子になるので、これらの管理が重要になります

どういう疾患か

- 脳の血管が詰まって**脳細胞が壊死**するために、脳の働きが障害される
- 動脈硬化により血管が詰まって起こる場合、心臓でできた血栓（血の塊）が脳の血管に詰まって起こる場合などがある。不整脈、高血圧は後者のタイプの脳梗塞の危険因子である
- 手足の麻痺や言語障害が残る場合が多い

どういう症状か

- 突然、ろれつが回らなくなる
- 片側の手足が麻痺するなどの症状が起こる
- ものが二重に見える
- めまいやふらつきが起こる

治療法

薬物療法

- **抗血小板薬**：アスピリン、シロスタゾールなど（血液を固まりにくくし脳梗塞の再発を予防する）
- **抗凝固薬**：ワーファリン、ヘパリンなど（血管内で血液が固まるのを防ぐ）
- **脳循環代謝改善薬**：イブジラストなど
- 発症4.5時間以内に血栓溶解療法を行い、血栓を溶かすrt-PA（アルテプラーゼ）静注療法などが行われる

※抗血小板薬、抗凝固薬の服用中に抜歯や手術を受ける時は必ず医師に相談する

リハビリ

- 急性期治療開始後、なるべく早くリハビリを開始する
- 退院後は、デイケア、デイサービスなどの通所リハビリ、訪問リハビリが基本となる
- リハビリは障害を受けた生活を再構築し、社会参加を促進することが目標で、歩行訓練、日常生活動作の訓練など、患者の状態に応じたリハビリが行われる

後遺症の麻痺による転倒には十分に気をつける

ケアプラン作成時に 知っておきたい！知識

どういう生活を送るのか

日常生活の注意点
- 喫煙、飲酒を控える
- 早いうちからリハビリを行う
- 低カロリー、低塩分の食事を心がけ、野菜、果物を多く摂るようにする
- 適度の運動を心がける
- こまめに水分補給を行う
- 血圧を下げる

服薬管理
- 再発予防のために抗血小板薬や抗凝固薬などの服薬を続ける
- 抗凝固薬などにより、外傷時に血が止まりにくくなるので注意を要する

予防
- 脳梗塞のあと、うつ状態がみられることがあるので、早期発見・治療が重要
- 早期発見、早期治療が後遺症を軽減させる
- 脳の血管が一時的に詰まって脳梗塞のような症状がみられる一過性脳虚血発作（TIA）が起こることがある。症状は数分から数時間で消失するが、脳梗塞の前触れの場合があるので、医師の診察を受けるようにする

アセスメント時のポイント
- 脳梗塞、脳出血など脳血管障害は、介護保険の特定疾患
- 介護保険の各種サービスの利用状況、未利用のサービスなどを把握しておく
- 抑うつ状態に陥っていないか、抑うつによる食欲不振などがないかに注意する

医療連携時のポイント
- リハビリの正しいアセスメントを行う
- 服用している抗凝固薬などの種類、用法、用量を確認する
- 正しい服薬ができているかを確認し、服薬上の注意事項を家族・介護者もよく理解しておくことが重要

高齢者には、脳のあちこちの毛細血管が詰まって起こるラクナ梗塞が多くみられます。高血圧症、糖尿病、脂質異常症などがあると起こりやすく、認知症の原因にもなるので、注意が必要です

内科、神経内科
脳神経疾患

脳内出血

脳卒中は血管が詰まる脳梗塞と、血管が破れる脳出血に分けられ、脳出血には脳内出血とくも膜下出血があります

どういう疾患か

- 動脈硬化などにより、脳の血管が破れて脳内に出血する
- 日本人に多く発症する
- **高血圧症**、**糖尿病**などが危険因子
- 急に寒い戸外に出た時、入浴中、興奮した時、排便時などに起きやすい
- 片側の麻痺、感覚の消失、言語障害などの後遺症が残ることが多い

どういう症状か

- 頭痛、めまい、嘔吐、意識がなくなるなどの症状
- 手足などがしびれたり、麻痺したりする
- ろれつが回らなくなる
- 突然大きないびきをかいて眠ってしまうこともある
- 大量に出血した場合、死亡や、植物状態に至ることもある

治療法

薬物療法
- 脳循環・代謝賦活薬、降圧薬が使われる
- 脳のむくみを取る薬剤を使う

手術療法
- 外科治療で血腫（血のかたまり）を取り除き、脳のダメージを軽くする

生活習慣の改善
- 血圧を下げる

リハビリ
- 早期からリハビリを行い関節が固まる（拘縮）のを防ぐ
- 脳梗塞と同様、デイケア、デイサービスなどの通所リハビリと訪問リハビリがある
- 寝たきり予防、歩行、食事摂取、トイレ、入浴、着替えなどの自立を目指す

本人の「できている行為」、「している行為」が維持できているかどうかをモニタリングし、ケアプランを作成する

ケアプラン作成時に知っておきたい！知識

どういう生活を送るのか

日常生活の注意点
- 血圧は140/90mmHg未満、できれば130/80mmHgを降圧目標とする
- 食塩の摂取を控え、ストレスを避ける
- 嚥下障害による誤嚥性、肺炎などの合併症に注意する
- 急に寒いところに出ることや、熱すぎる風呂に入るのを避ける
- 血圧は毎日決まった時間に、同じ条件で測定する

必要な福祉・医療機器
- 血圧計

服薬管理
- 降圧薬はそれぞれの特徴があり、その人に合った薬が選ばれるので、指示通りにきちんと服用する

> 必要以上にサービスを導入し、残存能力まで低下させない

アセスメント時のポイント
- 後遺症がある場合は程度を確認しておく
- 日常生活動作（ADL）、手段的日常生活動作（IADL）に不自由がないか
- 症状によりリハビリテーションの種類、回数など配慮する
- 日常生活の注意点を守り、再発予防につとめる

医療連携時のポイント
- 降圧目標値を確認する
- 服用中の薬剤の効能・効果、副作用を把握する
- 副作用発生時や脳出血発作が再発したときの対処法を確認しておく
- 合併症の有無、治療上の留意事項を確認しておく

> 退院後の慢性期（維持期）には後遺症が残る場合があるので、本人の意思を尊重しながらデイサービスの利用などにより、日常生活の改善、社会性の回復を図りましょう

内科、神経内科、精神科など
脳神経疾患

認知症

認知症は大きく5つに分けられ、認知症として共通する部分はありますが、原因や症状、治療法はそれぞれ異なります。病態の特徴を理解しておきましょう

どういう疾患か

- 「生後いったん正常に発達した種々の精神機能が慢性的に減退・消失することで、日常生活・社会生活を営めない状態」を、認知症という（厚生労働省「みんなのメンタルヘルス」より）
- 認知症は認知機能障害を本質とするが、体調不良や精神的なストレスから、「行動・精神症状」をみせることがある
- 認知症には、「アルツハイマー型認知症」「レビー小体型認知症」「脳血管性認知症」「前頭側頭葉変性症」「正常圧水頭症」があり、それぞれ病態や治療法が異なる
- 65歳以上の高齢者のうち、認知症の人は推計15％、2012年時点で約462万人。軽度認知障害（MCI）の高齢者も約400万人と推計されている（2013年厚生労働省調査）

どういう症状か

- 主な認知機能障害（中核症状）
  ・記憶障害
  ・問題解決能力の障害、見当識障害、理解・判断力の障害、実行機能障害、失行・失認・失語など
- 行動・精神症状（周辺症状）

◆ **行動症状**：徘徊、異食、過食、せん妄、排尿障害、失禁、不潔行為、暴言、暴力、睡眠障害など
◆ **心理症状**：抑うつ状態、うつ状態、幻覚、妄想、不安、焦燥など

認知症の症状は個人差が大きいので、1人ひとりに応じたきめの細かいケアプランが必要。その人の人生を理解することが、よいプランにつながる

認知症の症状で問題となりがちなのは行動・心理症状ですが、症状の背景には必ず理由があり、症状を問題行動と捉えたのでは改善しません。行動・心理症状が重度の場合は、精神科医との連携が可能な施設の利用が望ましいでしょう

アルツハイマー型認知症

どういう疾患か

- 脳の広い範囲に変性と萎縮が認められるが、比較的最近の記憶をいったん蓄積しておく海馬という部分に、特に大きな変化がみられる
- アルツハイマー型認知症の人の脳内では、記憶に関わる神経伝達物質「アセチルコリン」の分泌量が低下する
- 認知症の中で最も多く、男女比は2:3～4で女性に多い

どういう症状か

- もの忘れや、例えば料理など順序立てて行う必要のある行為が難しくなる実行機能障害で気づくことが多い
- 進行すると見当識障害や判断力の低下、さらに進行すると歩行障害、筋肉の硬直化などがみられる
- 末期には全身が衰弱し、肺炎などを併発して死に至る

治療法

🔖 **薬物療法**

- アルツハイマー型認知症治療薬の投与。進行を遅らせる効果がある

> ドネペジル (商品名:アリセプト)
> ガランタミン (商品名:レミニール)
> リバスチグミン (商品名:リバスタッチパッチ)
>
> アルツハイマー型認知症の人の脳で分泌が低下するアセチルコリンの分解を抑える

> メマンチン (メマリー)
>
> 中枢神経の興奮を抑える

レビー小体型認知症

どういう疾患か

- 「レビー小体」という物質が、大脳皮質を含む脳に認められる。レビー小体は、パーキンソン病の人の脳内で発見された物質
- 認知症の約20%を占める。比較的男性に多く、高齢になるほど発症しやすいという特徴がある

どういう症状か

- 初期症状として、幻視、妄想、うつ。幻視、妄想は70～80%にみられる
- パーキンソン症状の併発、睡眠時の異常行動なども特徴
- 認知機能障害は比較的軽いが、日や時間帯によって変動する

治療法

🔖 **薬物療法**

- 認知機能の維持：ドネペジル
- 幻視、妄想の緩和：ドネペジル、抑肝散 (漢方薬)、一部の統合失調治療薬
- 症状に応じて、パーキンソン病治療薬、抗てんかん薬、抗うつ薬などを使用

脳血管型認知症

どういう疾患か

- 脳梗塞や脳出血などの脳血管疾患が原因で起こる認知症
- 脳梗塞を原因とすることが最も多いが、細い動脈の詰まりが多数起こる「ラクナ梗塞」のために発症する「多発梗塞性認知症」が70%を占める
- 動脈硬化が背景にあり男性に多い

どういう症状か

- 初期にはもの忘れ、続いて認知機能障害、意欲の低下、手足のしびれ、せん妄、感情の抑制困難などがみられる
- 血管の詰まりが起きた場所により、運動障害や失語などが起こる
- 発病の時期が比較的はっきりしており、段階的に進行するのが特徴

治療法

薬物療法

- 脳梗塞の再発予防のための薬剤が使われることが多い

その他の治療法

- 脳血管型認知症は、脳血管障害を再発することで悪化していくことが多いため、再発予防が特に重要
- 脳血管障害の危険因子である高血圧、糖尿病、心疾患などを適切にコントロールする
- リハビリやレクリエーションなどの非薬物治療法が、生活の質の改善に有効な場合もある

前頭側頭葉変性症

どういう疾患か

- 前頭葉や側頭葉の萎縮による異常行動全般を指す
- 前頭側頭葉変性症の代表的なものが「前頭側頭葉型認知症」(ピック病とも呼ばれている)
- 若年性認知症の代表的な疾患。患者数は推定1万人とされる

どういう症状か

- 自己中心的な行動をする「脱抑制」と、1つの行動に執着する「常同的行動」が特徴
- 脱抑制の例:身だしなみに無関心、不潔、暴力、卑猥な言葉、万引きなど
- 常同的行動の例:同じコースの散歩など、毎日同じ時間に決まった行動をする(時刻表的生活)、同じものばかり食べたりつくったりする(常同的食行動異常)、同じフレーズを繰り返し話す(滞続言語)
- 萎縮する脳の部位によって、言葉が滑らかに出てこない「意味性認知症」、ありふれたものの名称がわからなくなる「語義性失語症」、言葉と行動の両方が障害される「進行性非流暢失語症」などの症状が出現することもある

治療法

薬物療法

- 抗うつ薬のSSRIで、患者の脳内で減っている神経伝達物質セロトニンの量を増やす

リハビリ

- 初期には言葉のリハビリや、常同的行動を利用した活動のリハビリが有効
- 趣味や嗜好を日課に組み込み、異常的行動を減らすことにつなげる

正常圧水頭症

どういう疾患か

- 脳内を循環する脳脊髄液が脳室にたまり、脳室が膨張することにより、脳の機能に障害を来す
- くも膜下出血、髄膜炎、外傷など原因が明らかな「続発性」と、原因不明の「特発性」がある

どういう症状か

- 主症状は、精神活動の低下、歩行障害、尿失禁（三徴候）
- **精神活動の低下**：集中力や意欲、自発性が低下してボーッとしている、呼びかけに対する反応が鈍い など
- **歩行障害**：小股でよちよち歩く、Uターンでふらつく、歩き出したら止まれない など
- **尿失禁**：尿意が頻回、尿意をがまんできない

治療法

❤ **手術療法**

- 脳室にたまった脳脊髄液を、人工のシリコン管で誘導する髄液短絡術（シャント手術）を行う。脳室と腹腔をつなぐ「V-Pシャント」、脳室と心房をつなぐ「V-Aシャント」、腰椎と腹腔をつなぐ「L-Pシャント」がある
- 特発性正常圧水頭症の場合は、シャント手術で完治が期待できる

認知症の中核症状と周辺症状

一般の人は、認知症の症状というと行動・心理症状を思い浮かべる傾向があります。しかし、実際には、認知症の本質である認知機能障害が高度で記憶力や判断力を失っても、穏やかに過ごしている人は数多くいます。

行動・心理症状が起こる要因は、自身の精神的・身体的衰えに対する不安や怒り、大切な人との死別や社会的役割の喪失、孤独感、周囲との意思疎通がうまくできないストレス、便秘などの体調不良などさまざまです。これらは適切なケアによってやわらげることができ、その結果、行動・心理症状が改善することは少なくありません。

医療職と協力し、家族など周囲の人が抱いている認知症への誤解を解きながら、療養環境を整えていくことも介護職の役割といえるでしょう。

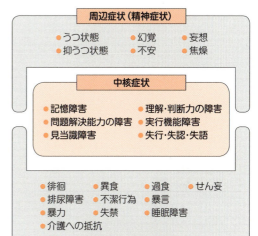

内科、脳神経外科
脳神経疾患

くも膜下出血

脳の表面の軟膜とくも膜の間に出血する病気。脳の血管のこぶのように膨らんだ部分が破裂して起こることが多く、死亡率の高い危険な疾患です

どういう疾患か

- 脳を覆う3層の膜のうち、**軟膜とくも膜の間に出血**して脳を圧迫する
- 比較的若い年齢の人にも発症する
- 脳の血管にこぶ（脳動脈瘤）があり、脳の血管の形成異常がある場合は、喫煙、高血圧、大量の飲酒などが危険因子
- 意識障害、麻痺、失語が残ることもある

どういう症状か

- 突然の激しい頭痛
- 嘔吐、けいれん、意識障害
- ものが二重に見える、まぶたが閉じられなくなる（動眼神経麻痺）
- 発症後10日くらい経ってから水頭症(※)が起こることがある

※水頭症：頭蓋の中に脳脊髄液がたまり、脳を圧迫して歩行障害、もの忘れ、尿失禁などの症状を引き起こす

治療法

🔖 薬物療法

- 再出血を防ぐ薬剤、血管の収縮・けいれんなどを抑える薬剤、脳の保護作用のある薬剤などが用いられる
- 慢性期には降圧薬や脳循環・代謝改善薬が用いられる
- 脳の浮腫を抑える薬も使われる

♥ 手術療法

- 再出血を防ぐために手術を行う
- 脳動脈瘤を金属のクリップで止めるクリッピング術、動脈瘤に金属のコイルを詰める脳動脈瘤コイル塞栓術がある
- 水頭症が起こった場合は、脳の中にたまった髄液を腹腔に流して吸収させる脳室・腹腔シャント術を行う

🔖 リハビリ

- 症状が落ち着いてきたらなるべく早くリハビリを行う
- 脳梗塞や脳内出血の場合と同様、入院中はベッドから起きる、歩行、トイレ動作などのリハビリが行われる
- 退院後はデイケア、デイサービス、訪問リハビリを利用しながら、歩行、食事摂取、トイレ、入浴、着替えなどの自立を目指す

ケアプラン作成時に 知っておきたい! 知識

どういう生活を送るのか

日常生活の注意点

- くも膜下出血は死亡率が高く、後遺症を残す確率がきわめて高い病気
- 後遺症には片麻痺や言語障害がある
- 再発予防には降圧薬の服用、ストレスや過度の飲酒を避ける、禁煙などが大切

服薬管理

- 降圧薬では、動悸、頭痛、むくみ、便秘などの副作用に注意する

麻痺などによる機能低下を防ぎ、生活に楽しみが持てるようにする

未破裂脳動脈瘤

未破裂脳動脈瘤とは、脳動脈の分かれ目などにできた血管のこぶです。自覚症状はほとんどありませんが、この脳動脈瘤が破裂すると脳を包んでいる「くも膜」の内側に出血を起こします。これがくも膜下出血です。くも膜下出血の予防手段として脳動脈瘤を治療するのは当然のこと、破裂前に脳動脈瘤を発見する必要があります。脳ドックを受診することによって、無症状の人に脳動脈瘤が発見されることが多くなっています。

アセスメント時のポイント

- 後遺症による日常生活の障害、認知、記憶、行動など高次機能障害に対するリハビリのアセスメント
- 心理面のサポートも考慮する
- 医療保険におけるリハビリ、介護保険におけるリハビリなどのアセスメント

医療連携時のポイント

- 後遺症の程度、対処法、リハビリについて確認する
- 処方薬剤の効能、用法・用量、副作用について確認する
- 服薬上の注意事項を本人も介護者も理解し、正しい服薬ができているかが重要

くも膜下出血では一般に早期にリハビリを開始します。リハビリは脳梗塞・脳内出血に準じ、再出血、水頭症、合併症などの因子を考慮して、個別に選択しましょう

内科、神経内科
脳神経疾患

てんかん

脳の一部の神経細胞に異常な電気的興奮が生じ、意識を失って全身または体の一部がけいれんするなどの「てんかん発作」が繰り返し起こる病気です

どういう疾患か

- 高齢者の場合は、脳血管疾患のために脳が障害されて、異常な電気的発作が生じるてんかんの病巣ができることが多い。脳のケガ（外傷）や脳腫瘍、脳炎、髄膜炎が原因になることもある
- 原因がわかっている**症候性てんかん**と、さまざまな検査をしても異常がみつからない**特発性てんかん**がある
- 乳幼児から高齢者までどの年齢でも発病する可能性がある

どういう症状か

- てんかん発作には**全般発作**と**部分発作**がある
- 急に意識を失い、全身を硬直させた直後にガクガクと全身がけいれんし、数10秒から1〜2分続くのは、全般発作の**強直間代発作**と呼ばれるものである
- 発作中の記憶がなく、発作後にもうろう状態になることが多い

治療法

薬物療法

- 抗てんかん薬による治療が中心となる。脳の神経細胞の電気的な興奮を抑えたり、興奮が他の神経細胞に伝わらないようにする薬がある
- 日本で使われている抗てんかん薬は20種類ほど。発作のタイプ、年齢、性別などを考慮して薬が選択される

生活習慣の改善

- 生活リズムを整え、睡眠不足を避ける
- 食事は3食規則正しく摂り、暴飲暴食はしない（子どもの頃からてんかんのある人は、ケトン食という食事療法を行っていることもある）
- 強い光や音など、発作を誘発するもの（特異性発作誘発因子）がわかっていれば、それを避ける

ケアプラン作成時に知っておきたい！知識

どういう生活を送るのか

日常生活の注意点

- 抗てんかん薬を処方通りに飲み、てんかん発作が起こるのを防ぐことが最も重要
- 規則正しい生活を送る
- 発作を誘発するものがわかっている場合は、それを避ける
- 抗てんかん薬には中枢神経を抑えるため、眠気やふらつきなどの副作用が出やすいので、転倒に気をつける

> てんかんの発作により自動車事故が起こることもあるので、適切なアセスメントが必要

服薬管理

- 薬の飲み忘れや中断が発作につながるので、服用の確認が重要

アセスメント時のポイント

- 薬物療法の重要性を理解し、薬をきちんと飲んでいるか
- 薬の副作用で生活の質が低下したり、転倒の危険が増していないか（高齢者は代謝機能が衰えているため、副作用が出やすい）
- その人の発作のタイプ、発作を誘発するもの、前兆となる症状を確認
- 発作に体する不安のために、抑うつ状態になっていないか
- 家族の理解はどうか

医療連携時のポイント

- 発作が起こったときの対処法を確認しておく
- 発作が起こったときの記録を残す
- 抗てんかん薬と他の薬の飲み合わせについて、薬剤師などに確認する
- てんかんによる記憶障害から、認知症と間違われることもあることを知っておく

> てんかんを持つ人のケアに十分な経験のあるところが望ましいでしょう。できれば人手があり、発作時にも迅速に対応ができるような事業所を選びましょう

内科、脳神経外科
脳神経疾患

慢性硬膜下血腫

脳を覆う硬膜と脳との間に血がたまり血腫（血のかたまり）ができる疾患。50歳以上に多くみられ、手術によりほとんどの場合、社会復帰が可能です

どういう疾患か

- 頭を打ったことによる外傷が原因となることが多く、1～数カ月かかって血腫が大きくなり脳を圧迫するが、原因となる外傷が思い当たらないこともある
- 硬膜下血腫のうち外傷後1～2カ月後に発症したものを**慢性硬膜下血腫**という
- 大量の飲酒、透析なども関係する

どういう症状か

- 血腫が大きくなると脳を圧迫して記銘力低下、認知症の症状、手足の麻痺、失語症、うつなどの症状が出る
- 血腫の圧迫により頭痛や吐き気が起こるが、高齢者では症状が現れにくい
- 急に認知機能が低下した時は慢性硬膜下血腫を疑う

治療法

💊 薬物療法

- 血腫により高まった脳の圧を下げ、脳のむくみを抑える薬剤を使う
- 出血が少ない場合は経過観察をすることもある

❤ 手術療法

- 脳の中にたまった血液を排出させる手術が行われる（穿頭ドレナージ術）
- 頭蓋骨に小さい穴を開けて硬膜を切開し、そこから管を入れて血腫を取り除く
- 血腫が小さく、症状が軽い場合は手術をせず経過をみることもある

どういう生活を送るのか

日常生活の注意点

- 転倒の予防のため室内の段差などに注意し、トイレ、浴室に手すりを付ける
- 飲酒歴の長い人で、急に認知機能低下、てんかんなどが現れた場合、慢性硬膜下血腫を疑う
- 認知障害があると転倒などの事実を記憶していないので、周囲の人に確認する
- 後遺症の程度、リハビリについて確認しておく

どういう行為であれば自立してできるのかを明確に理解して、ケアプランを作成する

内科、脳神経外科 脳神経疾患

急性硬膜下血腫（きゅうせいこうまくかけっしゅ）

脳を包む硬膜と脳の間に血液がたまる病気で、ほとんどが頭部外傷によって起こります。高齢者に多発し、死亡率の高い疾患でもあります

どういう疾患か

- 転倒による頭部の打撲、交通事故、スポーツなどが原因で起こる
- 脳が損傷を受けて（脳挫傷）、脳と脳の表面を連絡している静脈が切れて出血し、急激に血液が硬膜下にたまる
- 外傷のあと、3日以内に血腫ができるものを急性硬膜下血腫という

どういう症状か

- 傷害の直後から意識喪失状態にあることが多い
- いったん意識障害が起こると急激に悪化し、昏睡となることが多い
- 脳挫傷を合併すると手足の麻痺や言語障害、脳神経症状が現れるが、高齢者ではゆっくり現れるのでわかりにくい

治療法

💊 薬物療法
- 脳圧を下げる薬剤の点滴を行う
- 頭蓋内圧亢進に対し、バルビツレート療法、低体温療法などを行うこともある

♥ 手術療法
- 急性硬膜下血腫の診断がついたら緊急手術を行う
- 意識障害、血腫の脳への圧迫がない場合は、経過観察とすることもある
- 重症例が多く、救命できても後遺症が残ることが多い

どういう生活を送るのか

日常生活の注意点
- 予後は入院時の意識障害の程度に比例する
- 昏睡状態だった重症例では社会復帰が15％程度とされる
- 高次機能障害（失語、失行、失認など）の後遺症はないかの確認
- 後遺症に対する対応を考える（リアルフィードバックによるアプローチ）
- 再発の可能性とその対処法について確認
- 受診のタイミングについて確認
- 後遺症が残るので日常生活や社会生活への復帰は難しい

神経内科
脳神経疾患

パーキンソン病

50～60歳での発病が多いですが、若い人もかかる病気です。適切な薬物療法とリハビリで、自立した生活を長く続けられることもあります

どういう疾患か

- 脳の黒質という部分の神経細胞が減少するため、黒質の神経細胞がつくるドパミンという神経伝達物質が減る
- ドパミンは体の運動機能を調節する働きがあるため、不足するとスムーズな動きができなくなる

どういう症状か

- 振戦（手足が振える）、筋固縮（筋肉がこわばる）、無動（動きが遅い）、姿勢反射障害（姿勢のバランスがとりにくい）
- 排尿障害（頻尿、夜間頻尿）、排便障害（便秘）、睡眠障害、抑うつなど
- 横になると足がムズムズする、明け方に筋肉がこわばって痛むなどの症状も

治療法

薬物療法
- 不足しているドパミンを補う薬（L-ドパ製剤、ドパミン受容体刺激薬、ドパミン放出促進薬）のほか、ドパミンの分解を抑える薬、L-ドパ製剤の効果を助ける薬などを使用

手術療法
- 症状に関係する神経細胞を壊して症状をやわらげる定位脳手術など
- 神経細胞の働きを電気刺激で活性化する脳深部刺激療法

リハビリ
- 体の機能を保つための運動療法や作業療法など

どういう生活を送るのか

日常生活の注意点
- できるだけ活動量を減らさず、従来通りの生活を続ける。外出や趣味活動も積極的に行うようにする
- 手すりの設置や段差の解消など、生活環境を整え、転倒を防ぐ
- 電動歯ブラシなどの電化製品や補助具を利用して自立した生活を
- 衣服は、面ファスナーやゴムなどを活用して脱ぎ着をしやすくする
- 杖やシルバーカー、歩行器の利用

服薬管理
- 処方されている薬を指示通り服用
- 副作用に注意

被保険者の資格要件と特定疾病

　介護保険を受給できるのは、要介護者と要支援者（第1号被保険者）ですが、医療保険に加入している40歳から65歳未満の人で、特定の16疾病と診断された場合は、第2号被保険者として介護保険を受給することができます。がん、関節リウマチ、多系統萎縮症は2006（平成18）年に追加、見直しがなされました。特定疾病は今後も追加、見直しされる可能性があります。

介護保険制度の対象者と特定疾病

第1号被保険者	第2号被保険者	対象外
65歳以上の人	40歳以上65歳未満の人	40歳未満の人
要介護状態になった場合は、原因に関わらず介護サービスを受けられる	特定疾病が原因で要介護状態になった場合のみ、介護サービスを受けられる	

16種類の特定疾病

1. 初老期における認知症（アルツハイマー病、脳血管性認知症など）
2. 脳血管疾患（脳出血、脳梗塞など）
3. 関節リウマチ
4. 骨折を伴う骨粗しょう症
5. 進行性核上性麻痺、大脳皮質基底核変性症及びパーキンソン病
6. 筋萎縮性側索硬化症
7. 脊髄小脳変性症
8. 早老症（ウェルナー症候群など）
9. 多系統萎縮症（シャイ・ドレガー症候群など）
10. 脊柱管狭窄症
11. 糖尿病性神経障害、糖尿病性腎症及び糖尿病性網膜症
12. 閉塞性動脈硬化症
13. 後縦靭帯骨化症
14. 慢性閉塞性肺疾患（肺気腫、慢性気管支炎など）
15. 両側の膝関節または股関節に著しい変形を伴う変形性関節症
16. 末期がん（自宅療養中で、小児がんなどを除く）

内科、循環器内科
循環器疾患

狭心症
きょうしんしょう

心筋に流れる血流が不足して胸が苦しくなる疾患です。冠動脈硬化の原因になる脂質異常症、糖尿病、高血圧の管理が大切です

どういう疾患か

- 動脈硬化のために心臓に血液を送る冠動脈が狭くなる**労作性狭心症**と、血管のけいれんで起こる**血管攣縮（れんしゅく）性（異型）狭心症**がある
- 労作性狭心症は高LDL-コレステロール血症、低HDL-コレステロール血症、高血圧、糖尿病などが原因となる
- 血管攣縮（れんしゅく）性狭心症は早朝、夜間に起こりやすく疲労やストレス、喫煙、アルコールなどが危険因子になる

どういう症状か

- 労作性狭心症は、階段を上るなどの労作時に胸の中心が締めつけられるような圧迫感や痛みが起こるが、少し休むと治る
- 労作性狭心症は、労作時に冠動脈の血流が悪くなり、心筋が酸欠に陥るために発作が起こる
- 血管攣縮性狭心症は決まった時間帯（朝方が多い）やきっかけで起こりやすい
- 痛みが肩や腕、あご、歯、みぞおちなどに広がり、息切れを感じることもある

治療法

薬物療法

- 労作性狭心症には、運動時の心筋酸素消費量を減らすベータ遮断薬、血管を広げる硝酸薬（ニトロ製剤）、血栓ができるのを防ぐ抗血小板薬など
- 血管攣縮性狭心症には、冠動脈の攣縮を防ぐ、心拍数を減らすカルシウム拮抗薬など
- 発作時には硝酸薬を使用。舌下で溶かす錠剤と、舌下にスプレーする噴霧薬がある

手術療法

- 腕や足の付け根の血管からカテーテルを挿入し、冠動脈の狭くなった部分を広げたり、ステント（金属メッシュの筒）を入れたりする
- バイパス手術で、狭くなった血管を迂回して血液が流れる道をつくる

生活習慣の改善

- 体重コントロール。食事と運動で動脈硬化の進行を抑える
- 過度の飲酒は避け、禁煙する

ケアプラン作成時に 知っておきたい！知識

どういう生活を送るのか

日常生活の注意点
- 発作時に使用する硝酸薬を身近に置く
- 薬を使用しても20分以上症状が治まらない場合は病院に行く
- 労作性狭心症の場合は、動脈硬化進行を抑える薬物療法や生活習慣の改善を続ける。特に体重コントロールと禁煙が重要
- 血管攣縮性狭心症の場合は疲労やストレス、怒り、寒さなども誘発因子になるので注意する

服薬管理
- 発作時に使用する薬が切れないように気をつける
- 脂質異常症、糖尿病、高血圧、高血糖など、狭心症を悪化させる病気の治療を継続する

> 発作を避けながら、できるだけ自立した生活を送れるように支援する

アセスメント時のポイント
- 狭心症の発作が起こりやすい状況を把握できているか
- 発作時に自力で適切に薬を使用できるか
- 原疾患の治療や発作時の対応、誘発因子を避ける重要性など、狭心症に対する本人や家族の理解があるか

医療連携時のポイント
- 狭心症のタイプ、誘発因子などを確認しておく
- 発作時の対応や薬の使い方について、医師や看護師、薬剤師に確認しておく
- 発症後間もない時期や発作の頻度が増えてきたときに注意する（不安定狭心症）

> 症状悪化に備えて狭心症の発作や心筋梗塞の対応が可能な施設を確認しておくと、もしものときに安心。また病状把握のために年1回は専門医の診察を受けることが望ましいでしょう

Part2 循環器 狭心症

内科、循環器内科
循環器疾患

不整脈

不整脈には、治療が必要なものとそうでないものがあります。治療が必要な不整脈は、きちんと治療すればほとんどが治ります

どういう疾患か

- 脈（心臓の拍動リズム）が乱れる病気。脈が遅くなる徐脈、速くなる頻脈、脈が飛ぶ期外収縮に分けられる
- 頻脈は脈数が100/分以上、徐脈は50/分以下の場合と定義されている
- 心臓のリズムは、心臓の上の方にある洞結節で発生する電気によってコントロールされているが、洞結節で電気が発生しなかったり、別のところで電気が発生したり、電気が伝わらなかったりする
- 脳梗塞の原因になりやすい

どういう症状か

- **徐脈**：心拍数が極端に少なくなると、体を動かす時などに強い息切れ、めまい、眼前暗黒感がみられる。失神（意識消失）が起こることもある
- **頻脈**：突然始まる動悸。高度頻脈が続くと、脈が触れにくくなり、息苦しさや冷や汗が出たり、心不全を起こすことがある
- **期外収縮**：胸部の不快感、締めつけられるような胸の痛み、脈が飛ぶような感覚が起こる

治療法

🔴 薬物療法

- 抗不整脈薬で心臓の動きを整える。抗不整脈薬にはいくつかのタイプがあり、その人の不整脈がどのようなものであるかによって使い分ける
- 心房細動に対しては、血栓ができるのを防ぐために抗血液凝固薬を用いる

♥ ペースメーカーなど

- 徐脈性不整脈に対しては、心臓に一定のリズムで電気信号を送る「ペースメーカー」を胸に入れて脈を整える
- 心室粗動、心室細動などの危険な頻脈に対しては、「植え込み式除細動器（ICD）」を用いる。危険な頻脈が起こったとき、自動的に電気ショックを与え、心臓の動きを戻す

♥ カテーテル治療

- 足の付け根などの血管からカテーテルを入れ、頻脈の原因になっている心臓の筋肉を高周波で焼く

ケアプラン作成時に知っておきたい！知識

どういう生活を送るのか

日常生活の注意点
- ペースメーカーや植え込み式除細動器を使用中の場合は、IH調理器、IH炊飯器、電気工具や磁石など電磁波を発する機械を胸に近づけない
- 機器が正常に動いていることを確認したり、電池を交換したりするために定期検診を受ける
- 動悸、息切れなど普段と異なる脈の乱れを自覚したときには、専門医を受診する

抗血液凝固薬を飲んでいる人
- 心房細動の人は、心臓に血栓ができやすいため抗血液凝固薬が必要。出血に注意し、定期的なチェックを受ける

服薬管理
- 処方通り服薬し、肝臓や腎臓機能障害による副作用に注意
- 薬物療法の継続や、ペースメーカーや植え込み式除細動器の定期チェック、心臓の定期的な機能検査を欠かさない

> 動悸と不整脈の識別が必要。運動誘発性である場合もある

アセスメント時のポイント
- 自覚症状があるか
- ペースメーカーや植え込み式除細動器が入っているか
- 病気や治療のために、生活で制限を受けていることはあるか
- 不整脈やその治療について理解はどうか

医療連携時のポイント
- 服用中の薬剤の副作用を把握しておく
- ペースメーカーや植え込み式除細動器について、特段の注意事項があるか
- 緊急の対応が必要な症状について理解しておく
- 緊急時に連絡する先医療機関の確認

> ペースメーカーや植え込み式除細動器が入っている人の場合は、それらが入った人をケアした経験のある事業所、循環器医と連携ができていることが望ましいでしょう

内科、循環器内科
循環器疾患

心不全

心不全は病名ではなく、心臓の働きが悪くなった結果、起きた体の状態のこと。慢性と急性があります

どういう疾患か

- 心臓の働きの低下や弁膜症、腎機能低下などにより、浮腫や息切れなどの症状が現れる
- 退院後の服薬管理、食事管理や運動などの生活環境を整えなければ、入退院を繰り返すことがある
- **急性心不全**は急に症状が現れ、弁膜症や心筋梗塞、心筋症など心臓病の悪化のほか、風邪や過労、貧血などでも起こる
- **慢性心不全**は、持続的に症状が続いている状態である

どういう症状か

- 主な症状は、疲労、動悸、呼吸困難、狭心症状
- 心臓の働きが低下するに従い、食欲低下、咳、痰、浮腫、尿量減少なども出現する

自覚症状による重症度分類

Ⅰ度	日常生活では症状がない
Ⅱ度	日常的な動作で症状が起こる
Ⅲ度	日常的な動作以下の労作で症状が起こる
Ⅳ度	安静にしていても症状が起こり、少しでも体を動かすと症状が強くなる

治療法

🔶 薬物療法

急性心不全
- 原因を突き止めてそれを治療する
- 救急車を含めた迅速な対応が必要

慢性心不全
- 利尿剤で体の余分な水分を取り除く
- 血管拡張薬で心臓の負担を軽くする
- β遮断薬で心臓に障害を与えやすい神経やホルモンの作用を抑える

❤ 原因となっている心臓病の治療
- 狭心症や心筋梗塞の治療
- 弁膜症の治療

ケアプラン作成時に知っておきたい！知識

どういう生活を送るのか

日常生活の注意点
- 心臓に負担をかけないようにする（過労や疲労、長時間の入浴など）
- 症状に応じて適度な運動をする
- 塩分や水分を摂りすぎない
- 肥満の改善、体重コントロール
- 禁煙、アルコールを控える
- 体重と血圧、脈拍を記録する
- むくみや息切れ、食後の腹満感や腹部の鈍痛、肺の場合は息苦しさなどに注意する
- 下肢の浮腫の状態を観察する
- 仰向けになると息苦しさや咳が強くなる場合や、体重が急激に増加した場合は専門医を受診する

必要な福祉・医療機器
- 体重計
- 血圧計

服薬管理
- 処方通り薬を服用し、副作用に注意する

これは1日2回

アセスメント時のポイント
- ADLはどの程度保たれているか
- 浮腫などうっ帯の症状はあるか
- 塩分や水分の制限はできているか
- 尿の回数や量のチェックは可能か
- 心不全やその治療に対する理解

医療連携時のポイント
- 心不全の重症度や原因疾患の確認
- 心不全悪化の要因を把握する
- 処方内容と副作用を確認
- 塩分や水分の制限、尿回数や尿量のチェックの必要性を確認
- 心不全が悪化した場合は迅速に対応

心不全への対応を理解している施設も多いですが、重度の人の場合は、悪化したときに循環器医がすぐに対応してくれる施設が望ましいでしょう

Part2 循環器　心不全

内科、呼吸器内科
呼吸器疾患

肺炎

肺炎は日本人の死亡原因の第4位であり、肺炎で死亡する人の94%は75歳以上。嚥下機能が低下している場合は誤嚥性肺炎に注意が必要です

どういう疾患か

- 細菌やウイルスなどの病原体が肺に入って感染し、肺に炎症が起こる
- 日常生活を送っている中で起こる**市中肺炎**のほかに、入院中や手術の合併症などで起こる**院内肺炎**がある
- 介護が必要な人の場合は、食べ物の一部や胃の逆流物が病原体とともに肺に入る**誤嚥性肺炎**が多い
- 適切な口腔ケアを行うことで、呼吸器感染症が軽減する

どういう症状か

- 高熱、咳・痰、呼吸困難、胸痛などが主な症状だが、**高齢者の場合は熱が出ないこともある**
- 呼吸数や脈拍数が増える
- **食欲不振**、倦怠感、悪寒、筋肉痛、関節痛などが伴うこともある
- 誤嚥性肺炎の場合は、**何となく元気がない**、常に喉がゴロゴロ鳴っているなどの症状もみられる

治療法

薬物療法

- 抗菌薬の内服や注射
- インフルエンザに対しては、抗インフルエンザ薬を投与する
- 高齢者に対しては、抗菌薬の注射に加え、点滴による水分や電解質の補給などが必要なこともある

酸素療法

- 高齢者は肺炎の症状が出ないことも多く、食欲不振や元気がないときは血中酸素を測定する
- 炎症のために肺機能が低下し、血中酸素濃度が低下した場合は酸素吸入を行う

リハビリなど

- 息苦しさや呼吸困難がある場合は、半座位〜座位が楽なこともある
- 誤嚥性肺炎の場合は、上半身を30度ほど上げた体位、体位交換、口腔ケアなどで誤嚥が続くのを防ぐ

栄養療法

- 栄養補助食品や点滴なども利用して栄養状態を改善する

ケアプラン作成時に知っておきたい！知識

どういう生活を送るのか

日常生活の注意点
- 市中肺炎や院内肺炎の場合は、急性期の治療によって肺炎が治癒すれば元の生活に戻れる
- 市中肺炎を予防するために、高齢者の場合はインフルエンザや肺炎球菌の予防接種を、流行時期の前に実施することが望ましい
- 誤嚥性肺炎を起こしやすい人に対しては、**食事のときの体位の工夫、飲み込みのチェック、口腔ケア**、痰の適切な吸引など、防止のためのケアが重要。また、できるだけ寝たきりを避け、座位や離床を促す

必要な福祉・医療機器
- 必要に応じて、介護用ベッドや痰吸引器など

服薬管理
- 抗インフルエンザ薬や抗菌薬を服用している場合は、処方通りに最後まで服用する

アセスメント時のポイント

治療中
- 肺炎によるADLの低下の程度
- 抗インフルエンザ薬や抗菌薬を自力で正しく服用できているか
- 長期臥床によるADL低下や、認知症の進行に注意する

予防が特に必要な人
- 加齢、肺機能の低下、免疫機能の低下など、肺炎を起こすリスク
- 誤嚥性肺炎の既往やリスク。嚥下機能、運動機能などの程度

医療連携時のポイント

- 肺炎の徴候の早期発見
- 肺炎が疑われる場合の連絡法を確認
- 抗インフルエンザ薬や抗菌薬の服用方法や副作用を理解しておく
- 治療中の医療行為の理解

誤嚥性肺炎を起こしやすい人の場合は、食事介助や口腔ケア、体位交換や離床などをきめ細かく行える施設が望ましいでしょう

内科、呼吸器内科
呼吸器疾患

気管支喘息
（きかんしぜんそく）

大人の喘息の60〜80％が大人になって初めて発症。発作時には喘鳴（ぜんめい）や呼吸困難、激しい咳と痰などがみられます。発作がなくても治療を続けることが大切です

どういう疾患か

- 気道が常に炎症を起こして狭くなっており、なんらかの刺激でさらに気道が狭まり発作が起こる
- 発作の原因は、ダニやハウスダストなどのアレルゲン以外にも、運動やたばこ、過労、風邪などの感染症、気温の変化など多様
- 患者数は増加しており、子どもも含めると**全国で400万人**を超える

どういう症状か

- 発作時には、ヒューヒュー、ゼーゼーという喘鳴がある
- 呼吸困難を伴う激しい咳と痰
- 夜間から朝方にかけて、季節の変わり目、気温差が激しいときなどに発作が起きやすい
- 咳だけが症状の咳喘息もある

治療法

💊 薬物療法

- 発作時には、気管支拡張薬「短時間作用性吸入β2刺激薬」を使用する。他に、経口ステロイド薬、テオフィリン薬、吸入抗コリン薬、吸入配合薬を使用することもある
- 発作が起こらないように、「長期管理薬」で継続的に治療することが重要。長期管理薬には、炎症を抑える吸入ステロイド薬やロイコトリエン受容体拮抗薬、気管支を広げる長期間作用性吸入β2刺激薬、テオフィリン徐放薬などがある
- 薬は、吸入薬、内服薬、貼り薬、注射薬があり、目的や年齢によって使い分ける

🧍 生活習慣の改善

- 発作を誘発する因子を避ける
- こまめに水分を摂り、痰を出す
- 喉の炎症を鎮める飴など舐める
- 症状があるときは、楽な姿勢（座位、前かがみ）をとって安静にする

ケアプラン作成時に知っておきたい！知識

どういう生活を送るのか

日常生活の注意点
- 体調管理や感染防止を心がける
- 喘息治療の目的は、発作の症状を鎮めることではなく、発作が起こらないようにすることであることを認識して日常生活を送る
- 体調管理に有効な「喘息日記」をつける
- 発作時に薬を用いても症状が改善しない場合は、速やかに医療機関を受診する

服薬管理
- 発作が起きていなくても気道の炎症は常にあるので、長期管理薬による治療を継続することが重要
- 吸入薬は正しく使用する（使用法が正しくないと、患部に薬が十分に行き届かない）
- 市販薬を服用する場合は、喘息の治療薬との飲み合わせに注意する

> 発作が起こりやすい季節の変わり目には、ケアプランに配慮が必要

アセスメント時のポイント

- 発作の頻度や、発作を誘発する因子、発作を起こしやすい時間帯などを確認しておく
- 気管支喘息の症状が、日常生活にどのような障害をもたらしているかを把握しておく
- 本人や家族が病気や治療を正しく理解しているか

医療連携時のポイント

- 使用している長期管理薬と発作時の治療薬を確認
- 発作時の対処法を確認
- 喘息の重症度や、肺機能がどのくらい低下しているかを把握しておく
- 日常生活で注意すべきことを確認

> 喘息発作のアレルゲン対策をきちんと行える施設が望ましいでしょう。呼吸器科医と連携されているかもチェックポイントです

内科、呼吸器内科
呼吸器疾患

慢性閉塞性肺疾患（COPD）

気管支や肺胞の慢性的な炎症のために、肺の機能が低下する病気です。従来、慢性気管支炎や肺気腫と呼ばれてきた病気の総称です。通称「たばこ病」ともいわれています。

どういう疾患か

- 最大の原因はたばこ。長年の喫煙によって気道や肺胞に慢性的な炎症が生じ、気づかないうちに進行する
- 気管支の壁がむくんで痰が大量に出る。また肺胞がつぶれ、酸素を取り込みにくくなることから肺の機能が低下する。重症度によりⅠ期〜Ⅳ期に分類される
- 慢性気管支炎や肺気腫と呼ばれてきた病気の総称

どういう症状か

- 長引く咳や痰、息切れといった、ありふれた症状から始まる
- 進行すると、息苦しさのために外出ができなくなる。また、入浴時など日常的な行為でも息苦しさが増す
- 患者の約70％が、日常生活のさまざまな場面で制限を感じている
- 風邪などをきっかけに症状が悪化する

治療法

🔹薬物療法

- 症状をやわらげるために、気管支拡張薬や喀痰調整役、吸入ステロイド薬、吸入配合薬を使用する

❤手術療法

- 内科医的な治療で症状が改善しない場合、炎症により破壊された肺の一部を内視鏡で切除することもあるが、根本的な治療ではない
- 肺機能が低下し、低酸素血症から呼吸不全に陥る危険がある人は、在宅酸素療法（HOT）で持続的に酸素を吸入する

🔹リハビリ

- 運動療法などによって肺機能の維持・回復を目指す。QOLを改善し、患者が自立した生活を送れるようにすることが目的

薬や酸素療法で息苦しさをやわらげながら運動を行うと、息苦しさの軽減や持久力向上・ADL・QOLの改善が期待できる

ケアプラン作成時に知っておきたい！知識

Part2 呼吸器 慢性閉塞性肺疾患（COPD）

どういう生活を送るのか

日常生活の注意点

- 禁煙が治療の第一歩となる
- 炎症によって破壊された肺の組織を治すことはできないが、適切な薬物療法や呼吸リハビリによって、QOLの維持・改善が期待できる
- 風邪などの感染症を予防する。インフルエンザの予防接種を受ける。在宅酸素療法（HOT）を行っている人は、毎月1回以上外来診察を受ける必要がある
- COPDの人に高濃度の酸素を吸入すると、呼吸が止まってしまうCO_2ナルコーシスという状態を引き起こすこともある

必要な福祉・医療機器

- HOTを行っている人は、酸素濃縮装置、液化酸素のための装置など。これらの装置は、病院と業者がレンタル契約を結び、医師の在宅酸素指示書に基づいて、業者から患者に提供される
- パルスオキシメーター

服薬管理

- 処方通りに服薬を継続する
- 副作用に注意する

アセスメント時のポイント

- COPDによって、どの程度ADLが低下しているか
- 呼吸リハビリなどによって、ADLを改善できる見込みがどれくらいあるか
- 生活自立への本人の意欲、家族の理解
- COPDの重症度とHOTの有無

医療連携時のポイント

- COPDの重症度を確認
- 呼吸リハビリなどによって、ADL改善がどの程度見込めるか、医師の意見を確認
- 呼吸リハビリについて理解しておく
- HOTについて理解しておく
- 症状が悪化（増悪）したときの対処法を確認

HOTを行っている人の場合は、HOT利用者のケアで経験のある施設が望ましいでしょう。呼吸リハビリについて、職員が理解しているかどうかもチェックポイントです

 内科、呼吸器内科
呼吸器疾患

気管支炎

急性気管支炎と慢性気管支炎がありますが、慢性気管支炎はCOPD（P54参照）に含まれるため、ここでは急性気管支炎を取り上げます

どういう疾患か

- かぜ症候群などによる上気道の炎症が、気管から気管支へと波及して起こる
- かぜ症候群と同じく**ウイルス感染**によるものがほとんどだが、続けて細菌感染が起こることもある
- ありふれた急性疾患だが、高齢者の場合は肺炎に発展したり、持病（基礎疾患）を悪化させる原因になることもある

どういう症状か

- 咳、痰が主症状で、発熱を伴うこともある
- 細菌感染を伴うと、痰が膿性になる
- 前胸部の不快感、食欲不振や倦怠感などの全身症状がみられることもある

治療法

薬物療法
- 細菌感染が認められた場合は、抗菌剤を投与することがある
- 咳が多い場合は鎮咳薬、痰がからむ場合には去痰薬を投与することもある

生活習慣の改善
- 体を休め、水分や栄養を補給する
- 高齢者の場合は特に脱水に注意する必要がある

急性気管支炎は予防が大切

　急性上気道炎が気管から気管支まで及び、咳や痰を伴うようになったものを「急性気管支炎」と診断します。年齢に関わらずよくみられる疾患で、一般的には予後良好ですが、全身の機能低下が進んだ要介護の高齢者では注意が必要です。細菌の二次感染から肺炎になり、重篤化することもあるので、予防を徹底しましょう。室内の気温や湿度の調整（低温、乾燥を避ける）、呼吸器感染症の感染者との接触を避ける、口腔ケアの徹底、栄養状態の維持のほか、外出時のマスク着用、帰宅後の手洗い・うがいが有効です。

ケアプラン作成時に 知っておきたい！ 知識

どういう生活を送るのか

日常生活の注意点
- 症状の強いうちは、無理をせず体を休める
- 水分と栄養を十分に補給する
- 痰をよく出す
- 居室の室温調整し、十分な加湿をする
- 寝たきりにはさせず、症状が落ち着いたら座位や歩行を促す

> 急性疾患をきっかけに、体力低下して介護度が上がらないようにすることが大切

服薬管理
- 抗菌薬を処方された場合は、処方通りに最後まで飲みきる
- 黄色や緑色の粘性がある痰が出るときには抗菌剤投与を考慮する

アセスメント時のポイント
- 症状と治療のために、どの程度ADLが制限されているか
- 食事や水分の摂取は十分か
- 自力で痰が出せるか
- 服薬管理ができているか
- 離床のタイミングを見極める

医療連携時のポイント
- 治療方針の確認
- 薬物療法の内容を確認
- 服薬の確認
- 必要に応じてバイタルサインをチェックし、医師や看護師と情報を共有
- 脱水や肺炎の徴候、基礎疾患の増悪に注意する

> 他の施設利用者への感染拡大を防ぐことが大切です。医師の指示に従い、感染のリスクがなくなってから、施設利用や共有スペースでの活動を再開させます

内科、呼吸器内科
呼吸器疾患

肺線維症

肺胞が炎症によって傷つき、その傷が治るときに組織が厚くなるために、肺胞が膨らみにくくなる病気です。50歳代以上の男性に多くみられます

どういう疾患か

- 肺胞の壁を構成する間質になんらかの原因で炎症が起こり、間質性肺炎（P59参照）を発症した結果、間質が厚く固くなる**線維化**が起こる
- 肺胞に線維化が起こると膨らみにくくなり、酸素が十分に取り込めなくなる
- 約半数は原因不明だが、喫煙が危険因子

どういう症状か

- 初期は空咳（痰のない咳）や、坂道や階段を上り下りする際の息切れ
- 進行すると、着替えなど軽い労作でも息切れがするようになる
- 指の先が太鼓のばちの様に太くなる「ばち指」がみられることもある

治療法

薬物療法

- 原因不明の「特発性肺線維症」（IPF）（国の難病に指定）に対しては、抗線維化薬が用いられる
- 咳が強い場合は鎮咳薬
- 炎症が強い場合はステロイド薬や免疫抑制剤が用いられることもある

在宅酸素療法（HOT）

- 進行して肺機能が低下した場合は在宅酸素療法（HOT）を行う

息苦しさから活動量が低下するのを防ぎ、ADLを維持する

どういう生活を送るのか

日常生活の注意点

- 禁煙
- 風邪やインフルエンザの予防
- 疲労やストレスを避ける
- 息切れの悪化、痰の増加、痰の色の変化、発熱、動悸や胸痛、体重増加や浮腫、チアノーゼに気づいたら、早めに医療機関に相談する

必要な福祉・医療機器

- パルスオキシメーター、在宅酸素

服薬管理

- 処方通り服用する
- 副作用（抗線維化薬の場合は光線過敏症など）に注意する

内科、呼吸器内科
呼吸器疾患

間質性肺炎
（かんしつせいはいえん）

間質とは、臓器をつくっている実質を支えている組織のこと。肺の場合は、1つひとつの肺胞を繋ぎ止めている部分で、肺胞の壁の一部といえます

Part2 呼吸器　肺線維症／間質性肺炎

どういう疾患か

- 肺の間質に炎症が起こり、炎症で傷ついた部分を修復するためにコラーゲンが集まった結果、線維化し間質が厚く固くなる
- 間質の線維化によって、呼吸をしても酸素が十分に取り込めなくなる
- 原因は、**関節リウマチ**や**多発性皮膚筋炎**などの自己免疫疾患、粉塵等、薬剤など

どういう症状か

- 多くは無症状だが、空咳が続くこともある
- かなり進行してから、労作時の息苦しさなどが出現する

※原因不明の「特発性間質性肺炎」は国の難病に指定されている。特発性間質性肺炎には7つの疾患が含まれ、その1つが「特発性肺線維症」である

治療法

🔵 薬物療法
- ステロイド薬と免疫抑制薬の投与（特発性肺線維症以外の場合）
- 進行して肺機能が低下した場合は在宅酸素療法（HOT）を行う

❤️ 手術療法
- ある程度若い人の場合は脳死肺移植も検討される

🔑 リハビリ
- 肺機能の維持・回復を目指して呼吸リハビリテーションを行う

どういう生活を送るのか

日常生活の注意点
- 禁煙
- 風邪やインフルエンザの予防
- 息切れを起こさない程度の適度な運動を行う
- 飛行機に乗るときは主治医に相談（機内は気圧が下がり、血中酸素濃度も低下するため）

必要な福祉・医療機器
- パルスオキシメーター、在宅酸素

服薬管理
- 処方通り服用する
- 副作用（抗線維化薬の場合は光線過敏症など）に注意する

内科、呼吸器内科
呼吸器疾患

肺結核

年間2万人以上が発病。糖尿病やがん、透析中、関節リウマチ治療中の人は、結核菌に感染するリスクが高いことがわかっています

どういう疾患か

- 結核菌が肺に感染して起こる。感染経路は**空気感染**と**飛沫感染**
- 感染してすぐに菌が増殖、発病する「初感染結核」は感染者の15％。基礎疾患のある人は要注意
- 感染後すぐには菌が増殖せず、1年、あるいは20年以上後に発病する「内因性再燃」は感染者の15％
- 日本では年間2万人以上が発病

どういう症状か

- 咳、痰、全身倦怠感、発熱（微熱）、体重減少、寝汗など
- 進行すると痰に血が混じることも
- さらに進行すると肺の一部が空洞化し、呼吸困難が現れる

※咳などの症状が2週間以上続く場合は、胸部単純X線検査を。結核菌検査で確定診断

治療法

🔍 薬物療法

- 結核菌を他人へ感染させてしまう可能性があるとき（痰から結核菌が確認されるとき）は入院して治療を行う
- 抗結核薬の服用（複数の治療薬を最低6カ月間服用）
- 治療後2年間は再発の有無を確認する検査を受ける
- 痰から大量に結核菌が検出された場合は、結核治療専門施設に入院。家族など発病リスクの高い人は、発病を予防する薬を服用

memo

結核は感染症法で「二種の感染症」に分類されている。感染症法第12条に基づき、医師は結核の患者を診断したときには、直ちに結核患者の発生を、保健所長に届け出なければならない

ケアプラン作成時に知っておきたい！知識

どういう生活を送るのか

日常生活の注意点
- 咳が出る間はマスクをする
- 十分な栄養と休養をとり、症状に応じて適度な運動をする
- 治療中は保健所から症状の問い合わせがある
- 患者が周囲への感染予防に務め、治療を完遂することが感染の拡大を防ぐ

服薬管理
- 薬の飲み忘れや中断は厳禁
- 6カ月間以上薬物療法を続けないと、再燃（ぶりかえすこと）や、耐性菌（抗結核薬の効きにくい菌）ができることにつながる

> 感染力がある場合は、介護職を含めた周囲の人への感染予防策をケアプランに組み込む

アセスメント時のポイント
- 感染力の有無。感染しているだけ、あるいは発病していても排菌（結核菌が咳や痰に含まれて体の外に出ること）がない場合は、周囲の人に感染することはない
- 症状がADLにどの程度影響を与えているか
- 病気や治療に対する理解はどうか
- 抗結核薬の服用をチェックする人はいるか
- 家族の感染予防対策は十分か

医療連携時のポイント
- 感染リスクの確認（排菌の有無）
- 抗結核薬の服用確認について
- 保健所との連携
- 介護スタッフの感染予防

> 咳や痰などの症状が2週間以上続くときは、早めに医療機関を受診する

> 施設では、他の利用者に感染を拡大させないことが最も重要です。感染リスクがある間は、基本的に在宅か医療機関で療養します

Part2 呼吸器 肺結核

内科、消化器内科
消化器疾患

胃潰瘍

胃の粘膜が炎症を起こして潰瘍を形成する疾患。ほとんどがピロリ菌の感染やアスピリンなど鎮痛剤の副作用によるものです

どういう疾患か

- 胃の粘膜が炎症を起こし、潰瘍を生じる
- 空腹による胃酸過多、ピロリ菌感染、トウガラシなどの刺激物、薬剤、たばこ、酒、コーヒーなどの摂取が原因となる
- アスピリンなどの鎮痛解熱剤、ステロイド薬の副作用として起こることもある
- **再発率が高い**

どういう症状か

- 食後の胃痛、腹痛。みぞおちのあたりが痛む
- 酸っぱい液体が同時に胃から上がってくるげっぷ
- 吐き気、嘔吐、おなかが張る
- 高齢者では無症状の場合が多く、吐血や下血で気づくことも多い
- 下血は黒い便（タール便）のことが多い

治療法

治療の原則

- 再発しやすいので、再発予防が大切
- 除菌治療の薬には、下痢、腹痛、味覚障害などの副作用があるので注意する
- 高齢者では、鎮痛薬や低用量のアスピリンを服用している場合が多いので、胃潰瘍、十二指腸潰瘍の発症に注意する

> ストレスや不規則な食生活なども危険因子となる

薬物療法

- 胃酸分泌を抑える薬を単独、または粘膜防御薬と併せて使用する
- 胃酸を抑える薬には、PPI（プロトン・ポンプ・インヒビター）とH2ブロッカーなどがあり、治療の中心となる
- 再発予防のためピロリ菌の除菌を行う
- ピロリ感染が確認された場合は、ピロリ菌除菌薬、プロトンポンプ阻害薬、H2受容体拮抗薬を使用する
- 出血している場合は内視鏡による止血も行われる

ケアプラン作成時に知っておきたい！知識

どういう生活を送るのか

日常生活の注意点
- ストレスや過労を避ける
- 暴飲暴食をしない。刺激の強い食べ物・飲み物を避ける
- 喫煙、飲酒を控える
- 規則正しい食事を心がける

服薬管理
- 除菌治療では下痢、腹痛、味覚障害などの副作用に注意する
- 高齢者では合併する疾患に処方されている内服薬との相互作用に注意する

その他
- 食後に腹痛が起こる場合は胃潰瘍、空腹時や夜中に痛む場合は十二指腸潰瘍の可能性が高い

memo
ピロリ菌感染胃炎の状況を判断するため、内視鏡検査による胃炎の確認が義務づけられた。また、胃がんを合併している可能性もあるため、内視鏡検査により胃がんの有無を確認することが重要

Part2 消化器 胃潰瘍

アセスメント時のポイント
- 食事、喫煙、飲酒などの実態をチェックする
- 貧血、タール便などはないか
- 生活環境に消化性潰瘍を誘発するような強いストレス要因がないか

医療連携時のポイント
- 服用している薬剤の種類、用法・用量を確認する
- 過去に胃潰瘍の既往があれば、その旨を医師に伝える

高齢者は鎮痛剤を内服する機会が多いので、薬剤性胃潰瘍に注意が必要。また高齢者の場合、痛みが出にくいので、平素からの注意深い観察が重要です

内科、消化器内科
消化器疾患

十二指腸潰瘍

胃潰瘍とともに消化性潰瘍と呼ばれ、粘膜に潰瘍ができる疾患。95%がピロリ菌によるもので、再発も多く注意が必要です

どういう疾患か

- 胃と小腸をつなぐ十二指腸の粘膜に潰瘍ができる疾患
- 胃潰瘍と同様、アスピリンなどの非ステロイド性抗炎症薬やステロイド薬を服用している場合に多い（**薬剤性潰瘍**）
- ピロリ菌も原因となるが、高齢者ではピロリ菌反応陰性の場合もみられる
- ストレス、過労、喫煙なども原因となる

どういう症状か

- 空腹時に上腹部痛がある。食事をすると一時的に痛みが軽くなるのが特徴
- 胃の膨満感、むかつき。潰瘍が深くなると出血して吐血や下血（タール便）がある
- 高齢者では症状のない場合が多く、吐血・下血により初めて気づくことがある

治療法

薬物療法

- 胃酸分泌を抑えるPPI（プロトン・ポンプ・インヒビター）とH2ブロッカーなどを使用する

ピロリ除菌療法

- ピロリ感染が確認された場合は、ピロリ除菌を行う
- ピロリ菌の除菌にはプロトンポンプ阻害薬・アモキシシリン・クラリスロマイシンなどの3剤療法が行われる。ピロリ菌を除菌することにより潰瘍の治療を促進し、痛みの軽減、再発予防などが期待できる

- 酸分泌抑制薬の使用、輸血、外科手術など、必要に応じて対処する

その他の治療法

- 出血のある場合は、内視鏡により止血を行う（クリップ止血法）
- 安静にしてストレスをやわらげる（ストレスにより胃液の分泌が高まって潰瘍ができる）
- 刺激物やアルコールの摂取、喫煙を避ける
- 関節リウマチや関節炎などで鎮痛薬を服用するときは、胃酸を抑える薬（プロトンポンプ阻害薬）を併用する

ケアプラン作成時に知っておきたい！知識

どういう生活を送るのか

日常生活の注意点
- 1日3回の規則正しい食事
- 固いもの、刺激の強いもの、熱すぎるもの、冷たすぎるものを避ける
- 喫煙、飲酒は控える
- ストレスや過労を避ける

服薬管理
- 再発予防のため症状がなくなっても一定期間継続して服薬する必要があり、自分の判断で薬を中止しない

その他
- 空腹時や夜中に腹痛が起こる場合は十二指腸潰瘍、食後に痛む場合は胃潰瘍の可能性が高い

アセスメント時のポイント

- 以前に十二指腸潰瘍にかかったことがあるか
- 喫煙、飲酒状況のチェック
- 規則正しい食事ができているか
- 生活環境に消化性潰瘍を誘発するような強いストレス要因がないか

医療連携時のポイント

- 十二指腸潰瘍の既往がある場合、再発予防の薬剤服用を行っているかを確認
- 服用薬剤の相互作用、副作用の確認
- 受診のタイミングの確認
- 空腹時や夜中に腹痛が起こる場合は十二指腸潰瘍、食後に痛む場合は胃潰瘍の可能性が高い

十二指腸潰瘍があっても、高齢者では痛みなどの症状が出にくいです。服用している薬剤、食事などに注意し定期的に医療機関を受診することを勧めましょう

内科、消化器内科
消化器疾患

便秘

高齢者では、さまざまな原因が重なって排便障害が生じます。高齢者の約3割にみられ、日常生活や心理面に大きな影響を及ぼします

どういう疾患か
- 便秘は一般に排便回数が週3回以下と少なく、排便困難のある場合をいう
- 便が固いために排便時に痛みを伴う
- **習慣性便秘**、**薬剤性便秘**などがある
- 便意を常にがまんしていると刺激に鈍感になり、便意が起きにくくなる
- 鉄剤などは便秘を生じやすい（薬剤性便秘）

どういう症状か
- 便の回数が減る
- 便が固くて出にくい
- 気がつかないで便を漏らしてしまう
- 腹痛、腹部膨満感、嘔吐、食欲不振

治療法

薬物療法
- 酸化マグネシウム、マグラックス（便の水分を増やす）
- プルゼニド、アローゼン（大腸の粘膜を刺激する）
- 坐薬、浣腸薬、経口薬、生薬
  ※浣腸の場合、血圧が低下してショックを起こすことがあるので医師の指示により行う
- 習慣性便秘や便秘に伴う体調不良に漢方薬を使う場合がある

生活習慣の改善
- 排便のリズムを取り戻す
- 下剤や浣腸で直腸にたまった便を十分排便させる
- 腹圧体操や腸のぜん動運動を促すウォーキングを行う
- 腹部マッサージ

> 改善しない、血便が出る、痛みを伴う場合は医師へ早めに相談する

ケアプラン作成時に 知っておきたい！ 知識

Part2 消化器 便秘

どういう生活を送るのか

日常生活の注意点
- 規則正しい食生活を心がけ、朝食をしっかり食べる
- 食物繊維の多い食品を摂取する
- 毎日の排便を習慣づける
- 毎朝決まった時間に便器に座る習慣をつける
- ストレスの少ない生活を心がける
- 適度な運動、水分の摂取
- 排便状況のチェック（排泄の頻度など）
- 便の状態のチェック
- 排便時に痛みや出血がないか
- 便秘の種類に応じて対処法を検討する

その他
- 現在の便秘が、服用している薬剤と関係がないかをチェック

アセスメント時のポイント
- 現在、便秘があるか
- 便秘になりやすい薬を服用していないか
- 習慣性便秘であれば、排便習慣の改善を促す手立てを検討する
- 排便時の環境（トイレの清潔、プライバシー）に問題はないか

医療連携時のポイント
- 便秘の種類と対処法を確認する
- 現在の便秘が服用している薬剤と関係がないかをチェック
- 食事の量、水分摂取量をチェック
- 大腸がんなどによる便秘ではないかを確認（血便がないか）

 毎日排便がない場合でも、数日おきに規則正しい排便があれば病的ではないので、安易に薬を使うことは避けます。排便のメカニズムを知り、原因に応じた適切な治療が大切です

消化器内科、消化外科
消化器疾患

腸閉塞

腸管が詰まって食べ物やガスが通らなくなる病気。高齢者で食事量が減少し、腹部の膨満、腹痛などがあるときは、腸閉塞の可能性を考えます

どういう疾患か

- 小腸や大腸がなんらかの原因で詰まってしまう状態をいう
- 機械的閉塞と機能的閉塞に分けられる

機械的閉塞：腹部を切る手術を受けた後に腸と腹壁や腸同士が癒着し、そこを中心に腸が折れ曲がり、ねじれて詰まる

機能的閉塞：薬剤の作用などにより腸の動きが低下して起こる

どういう症状か

- 腸が詰まったとたんに発症する
- 激しい腹痛、吐き気、嘔吐
- 腹部膨満（おなかが膨れる感じ）
- 便やガスが出なくなる

治療法

薬物療法

- 吐き気に対してはセレネース、ブスコパン、プリンペランなど
- 腹痛（疝痛）に対してはブスコパン、ハイスコなど
- 食事、飲水を中止し、電解質や栄養分の点滴を行う
- 腸間膜もよじれて腸の血行障害がある場合（絞扼性イレウス）でなければ、絶飲食して点滴を行い、腸を休めることにより自然に元に戻ることがある

手術療法

- 手術により閉塞を解除し開通させる。ただし高齢者や、衰弱が甚だしい場合は、手術は困難となる

その他の治療法

- 鼻からレイウス管を入れて腸の内容物を排出させる方法も用いられる

memo
腸閉塞とは腸内容物の通過障害のことだが、血行障害を伴う場合には「絞扼性イレウス」と呼ばれる。絞扼性イレウスの場合には緊急開腹手術が必要で、診断の遅れは致命的な結果を招きかねない

ケアプラン作成時に知っておきたい！知識

どういう生活を送るのか

日常生活の注意点

- 禁酒、禁煙
- 食後の安静
- ストレスの少ない生活
- 十分な睡眠
- 適度の運動
- 便秘にならないようにする（便秘による固い便が腸閉塞の原因になることがある）
- 体を冷やさない
- 冷たい食べ物、脂肪分の多い食物、刺激の強い食物を避ける
- バランスが良く消化のよい食事

アセスメント時のポイント

- 便秘になりやすい薬などを服用していないかをチェック
- 食事内容をチェック
- 腹部の手術の既往がないかチェック

医療連携時のポイント

- 服用している薬剤がないか報告する
- 開腹手術の既往があると腸の癒着やねじれにより腸閉塞になることがあるので、本人に腹部の手術の有無を確認し、医師に伝えておく

大腸がんなどによる閉塞や、高齢者で便秘傾向のある人などは注意が必要です。自然に治ることはないので、早めに受診するよう働きかけましょう

内科、消化器内科
消化器疾患

胆石症

胆のうや胆管に結石ができる病気。胆石により胆のうに胆汁がたまって細菌感染を起こすことがあり、感染が疑われたら早めに受診する必要があります

どういう疾患か

- 胆のうや胆管に石ができる疾患
- 肝臓でつくられる胆汁中のコレステロールが高くなり、結晶化して石ができる
- **コレステロール結石**と**ビリルビンカルシウム結石**などがある
- **胆のう炎**の合併に注意する

どういう症状か

- 高齢者では症状が出ないこともある
- 胆のう炎に伴って発熱があることもある
- 腹痛（右肋骨下を中心に起こる激しい痛み）

治療法

治療法
- 胆石が生じた部位により治療法が異なる

胆のう結石の治療
- 症状がある場合は治療を行う。無症状の場合は治療をしないことが多く、定期的に検査を受ける
- 胆のう摘出術を行う。腹腔鏡による手術は傷が小さくて済み、術後の回復が早い
- 胆のうを摘出しても日常生活には影響はない
- ウルソによる胆石溶解療法も行われる

- 体外から衝撃波を当てて結石を細かく砕く方法もある

胆管結石の治療
- 無症状の場合でも将来重症の急性胆管炎や急性膵炎を起こす危険があるので治療を行う
- 内視鏡による方法、開腹して結石を取り出す方法などが行われる

> ウルソは肝臓の胆汁をつくる働きを助け、老廃物の排出を促す効果がある

ケアプラン作成時に知っておきたい！知識

Part2 消化器 胆石症

どういう生活を送るのか

日常生活の注意点
- 油っこいものを食べると、胆石発作を起こしやすくなるので注意が必要
- 脂肪分の取りすぎを避け、バランスのよい適量の食事を心がける
- 適度な運動を心がけ肥満を解消する
- ストレスや過労を避け、規則正しい生活を心がける

発症の徴候と対応
- 高齢者の胆のう炎では、発熱以外の症状がない場合があることに注意
- 上腹部痛、発熱、黄疸が現れたらすぐ受診する

服薬管理
- 胆石を溶かす薬（ウルソなど）、胆道の筋肉をゆるめて胆汁の流れをよくする薬（パパベリン、コスパノンなど）を服用する

アセスメント時のポイント

- 胆石症の既往がある場合、治療後の定期的な検査を受けているかをチェック
- 食事の注意事項などの理解度を確認する
- 症状が現れた時に早急な対応ができる体制が重要

　　胆のう炎、胆管炎から敗血症になり重症化することがある

医療連携時のポイント

- 胆石の種類、日常生活で何に注意すべきかを確認する
- 受診のタイミングについて確認しておく
- 胆のうがんを合併していることがあるので確認が必要
- 薬の副作用と思われる症状があったら医師に伝える

高齢者では症状が明確でない場合や、胆石が原因で胆管炎を起こすと生命の危険がある場合もあります。受診のタイミングを逃さないよう注意しましょう

消化器内科
消化器疾患

肝硬変

肝硬変を治すことは不可能で、治療は残された肝機能を助けて肝臓がんへの進行を遅らせることと、合併症の管理が主になります

どういう疾患か

- 肝硬変は、いろいろな原因による慢性肝炎が長い経過をたどった末期の姿
- 肝臓の組織が破壊されて、肝臓が小さく固くなる疾患
- **肝臓がん**の原因になり得る
- 原因のほとんどはウイルス性肝炎で、C型肝炎、B型肝炎の順に多い
- アルコール性肝炎なども原因となる

どういう症状か

- 自覚症状がない場合（代償性肝硬変）と、いろいろな症状が現れる場合（非代償性肝硬変）がある
- 高齢者では自覚症状に乏しく、手術などのときに偶然発見される場合もある
- 全身倦怠感、尿の色が濃くなる、腹部膨満感、吐き気、嘔吐などを訴え、さらに進むと黄疸、吐血、昏睡などが現れる
- 原因のほとんどはウイルス性肝炎

治療法

💊 薬物療法

- C型肝炎による肝硬変にはインターフェロン、B型肝炎による肝硬変の場合は抗ウイルス薬が使われる
- 腹水や浮腫に対しては利尿剤の内服や、穿刺による腹水の除去が行われる
- 出血傾向に対し、ビタミンK補給、輸血を行う
- 合併症である食道静脈瘤は、内視鏡で硬化剤を注入して静脈瘤を縮小させる

インターフェロン製剤（肝炎ウイルスに対する治療）：インターフェロンアルファなど
抗肝炎ウイルス薬：リバビリンなど
肝機能改善薬：ウルソデオキシコール酸グリチロンなど
肝蛋白代謝改善薬：マロチラート

memo
肝性脳症は、肝臓の機能低下による意識障害で、アンモニアなどがふえることにより引き起こされていると考えられている、特殊アミノ酸製剤の注射薬や内服で治療をする

ケアプラン作成時に 知っておきたい！ 知識

どういう生活を送るのか

日常生活の注意点
- 肉体労働、激しいスポーツなど、体に負担のかかることは避ける
- 禁酒
- 食物繊維の多い食べ物を摂る
- 浮腫や脱水のある時はタンパク質や塩分を控える
- ビタミン剤の服用
- 食後しばらくは安静にする
- 感染症にかかりやすいので、風邪からの肺炎などに注意する
- 便秘は肝性脳症を悪化させるので、注意が必要

発症の徴候と対応
- 高齢者では検査で著しい異常がみられず、診断が遅れることがある
- 認知症を合併していると、肝硬変による**肝性脳症**を認知症の悪化と誤診する場合があるので鑑別に注意
- 黄疸（白目が黄色くなる）、腹水
- 腹部静脈の膨れ
- 足の浮腫や点状出血
- 歯ぐきや鼻からの頻繁な出血
- 肝硬変の治療に使われる薬剤には、うつ症状、間質性肺炎、脱毛、乾いた咳などの副作用がある

Part2 消化器 肝硬変

アセスメント時のポイント
- 自分の病気と、病気に伴う生活上のさまざまな制限を理解しているか
- 飲酒など肝硬変のある体に好ましくない生活習慣が維持されていないか

医療連携時のポイント
- 肝硬変のフォローをどうするか確認
- 定期的な検査のスケジュールを確認
- 家族・介護者も治療内容を理解し、副作用の可能性について知っておく

肝硬変では合併症、特に肝細胞がん、肝不全、消化管出血の有無が重要です。高齢者では若年者に比べ肝細胞がんの合併率が高いとされ、予防、早期発見、早期治療が重要となります

消化器内科 消化器疾患

胆のう炎

結石やがんなどで胆汁が胆道に停滞すると、感染症が高頻度に起こります。胆道は胆のうと胆管からなり、胆のうに感染が起こると胆のう炎になります

どういう疾患か

- 急性胆のう炎は、胆のうの出口が結石やがんのために閉塞して胆汁の流れが滞り、細菌が感染して炎症が起こる疾患
- 油っこい食事が引き金になることも多い
- 胆のう炎から腹膜炎や敗血症になることがある

どういう症状か

- 最も典型的な症状は右上腹部痛で、ついで悪心・嘔吐、発熱が多い
- 激しい腹痛を訴え腹部全体が硬くなっている時は胆のうが破れて腹膜炎を起こしている可能性がある
- 胆汁の流れが妨げられるために皮膚や粘膜に黄疸が出ることがある
- 慢性胆のう炎は症状がない場合が多い

治療法

- 発熱、上腹部痛など胆のう炎の症状が出たら、早めに受診して痛み止めや抗生物質を服用する
- 炎症の程度が軽い場合、安静、絶食の上、点滴による水分・電解質の補給、抗生物質の投与を行う
- 炎症が強い場合、腹壁から針を刺して胆のうにたまった胆汁を排出するドレナージ術を行う
- 炎症が収まった後に胆のう摘出術を行う
- 慢性の場合は症状に応じて抗生物質や鎮痛薬などを使用する

ケアプラン作成時に知っておきたい！知識

Part2 消化器　胆のう炎

どういう生活を送るのか

日常生活の注意点

- 脂肪分の多い食事を摂りすぎない
- 暴飲暴食を避ける
- 過労やストレスを避け、規則正しい生活を心がける
- 胆のう炎では、発熱だけで痛みのない場合も多い。胆石症のあることを医師に伝えておくと診断の助けになる
- 胆のう炎の症状がみられたら早めに受診することを確認しておく

負担の軽い摘出術

　胆のう炎、胆のう結石、胆のうポリープなどの病気においては、腹腔鏡下胆のう摘出術が適応されます。

　腹腔鏡下胆のう摘出術は、腹腔鏡と呼ばれる細長いまっすぐなカメラを差込み、おなかの中の様子をテレビモニターに映しながら行う手術です。腹部に数ヶ所の小さな傷をつけ、モニターを見ながら手術器械を差し入れて、胆のうを取り出します。

　手術の翌日から飲食が可能、手術後数日での退院が可能など、従来の開腹下手術と比べると長所が多く、患者の身体的・経済的負担も軽い手術方法です。

アセスメント時のポイント

- 自分の病気と、現在の病状を理解しているか
- 油っこい食べ物を好んだり、暴飲暴食に走ったりする傾向がないかチェックする
- 胆石症がある場合、自覚症状がなくても定期的に受診するよう勧める

医療連携時のポイント

- 現在の状態について医師に確認する
- 胆のう炎の症状が出た時の対処を確認
- がんの合併の有無を確認する（特に、がんなどが原因になっていないか確認）

発熱があり、上腹部痛、黄疸が出た場合は早急に受診しましょう。特に高齢者では症状がなくても重症化しやすいので注意が必要です

虚血性大腸炎（きょけつせいだいちょうえん）

消化器内科／消化器疾患

突然の腹痛、下痢、下血で発症します。一過性型、狭窄型、壊死型の3つに分けられ、壊死型はまれですが緊急手術が必要です

どういう疾患か

- **大腸の血行障害**により、大腸の粘膜や潰瘍が発生する
- 大腸の血管と、腸管の問題が複雑に絡み合って起こる。血管側の問題は、動脈硬化、血栓・塞栓、血管の収縮など。腸管側の問題は、慢性の便秘や浣腸などによる腸管内圧の上昇
- 50歳以上の人、高齢者に多い

どういう症状か

- 吐き気と嘔吐を伴う強い左下腹部痛で始まり、下痢、下血が起こる。下血は赤い血液の混じった血便だが、タール便のこともある
- ①一過性型、②狭窄型、③壊死型に分類。①は短期間で治り、腸管の潰瘍や浮腫なども2週間ほどで完治。②は2カ月ほどで潰瘍が消失。③は予後不良

治療法

♥ 保存療法

- 一過性型と狭窄型は、絶食と輸液に加え、二次感染予防の抗菌薬を投与
- 狭窄型の治る過程で閉塞症状が現れた場合は、内視鏡による拡張療法
- 排便コントロールをする

♥ 手術療法

- 壊死型は緊急手術で病変部位を切除する
- 狭窄型で閉塞症状が強い場合は、手術になることもある

> 再発する可能性のある疾患なので、再発予防を意識したケアプランにする

どういう生活を送るのか

日常生活の注意点

- 絶食の指示に従い、腸管の安静を保つ
- 食事開始後は消化のよいものをよく噛んで食べるなど、腸管の負担を考慮
- 一過性型と狭窄型は一般的に予後良好だが、6〜12％に再発がみられる
- 糖尿病、膠原病、血管炎のある人に起こりやすい。大腸がんの人にも同様の病変（閉塞性大腸炎）が生じることがあるので注意する
- 動脈硬化や糖尿病など危険因子となる病気の治療、慢性的な便秘の治療などで再発を予防する

消化器内科
消化器疾患

偽膜性大腸炎
（ぎまくせいだいちょうえん）

抗生物質の服用により腸内細菌のバランスが崩れて起こる疾患です。気づかずに放置すると重症化し、死に至る場合もあります

Part2 消化器　虚血性大腸炎／偽膜性大腸炎

どういう疾患か

- 基礎疾患のある高齢者に多くみられる
- クロストリジウム・ディフィシル菌の異常増殖による感染性大腸炎の一種
- 院内感染のうち最も頻度が高い疾患
- 抗生剤の長期投与によって腸管にびらんや潰瘍などの炎症が起き、腹痛や下痢などの症状が生じる

どういう症状か

- 突然の激しい下痢で血液の混じった下痢になることもある
- 腹鳴、下腹の鈍痛、膨満感、発熱を伴うこともある
- 重篤な場合はけいれんを伴う脱水症状を起こし、数日で死に至ることもある

治療法

🔖 薬物療法

- 原因薬剤の投与を中止して様子をみる
- 乳酸菌製剤を投与して腸内細菌叢（そう）（腸内の微生物生態系のこと）の正常化を行う
- 重症の場合には塩酸バンコマイシンを経口投与し、クロストリジウム・ディフィシル菌を殺菌する
- 回復しなければ乳酸菌製剤を投与して、腸内の正常化を図る

どういう生活を送るのか

日常生活の注意点

- 抗生物質を服用中または服用1〜2週間後に頻繁に下痢が起こる、粘性のある便、発熱、吐き気などがみられた場合は、医師に連絡をする
- 受診する際には、服用した医薬品の種類、服用からどれくらい経っているのか、便の状態などを医師に知らせる

大腸ポリープ

消化器内科 消化器疾患

大腸の粘膜に、ポリープと呼ばれるイボのようなものができます。大腸のポリープは悪性化することもあるので切除します

どういう疾患か

- ポリープとは、「粘膜組織の病変に基づく、胃や腸管の内腔への突出」のこと。腫瘍と腫瘍以外のポリープに分けられ、腫瘍にはがん（早期）と腺腫があり、大腸ポリープの80％は腺腫
- **腺腫は良性**だが、1cmを超えると、がん細胞を含む可能性が高くなる
- S状結腸や直腸にできやすい

どういう症状か

- 自覚症状はほとんどない
- ポリープがある程度の大きさになると、便が接触して少しずつ出血することがあるが、目で見てわからない程度のことも多い

治療法

♥ 内視鏡治療

- 大腸内視鏡下で摘除する
- 日本の診療指針（ガイドライン）では、5mm以上の大きさのポリープが切除の対象となるが、形がいびつなど特殊な場合は5mm以下でも摘除する

どういう生活を送るのか

日常生活の注意点

- 摘除後1週間は食事の量を少なめにし、刺激物やアルコールは避ける
- 摘除後は下血などに注意する
- 大腸ポリープができやすい人は、大腸がんになりやすいということもあるため、定期的に大腸内視鏡検査を受ける

ポリープ摘除の当日や翌日は、便の性状に注意する

消化器外科 消化器疾患

鼠径（そけい）ヘルニア

子どもの病気というイメージがありますが、実際は成人に多く、特に60歳前後の男性によくみられます。完治させるには手術が必要です

どういう疾患か

- 腹膜や腸の一部が、鼠径部の筋膜の間から皮膚の下に飛び出てくる（脱腸）
- 鼠径管という部分を通って飛び出る外鼠径ヘルニア、鼠径管を通らない鼠径ヘルニアがある
- 男女比は4:1〜8:1で男性に多い。鼠径管のやや下の大腿管から飛び出る大腿ヘルニアは女性に多い

どういう症状か

- 立ったときや、おなかに力をいれたときに、鼠径部が膨らむ。不快感や痛みを伴うこともある
- 指で押さえると膨らみが引っ込む
- 飛び出したものが急に硬くなったり、押さえても引っ込まなくなり、腹痛や嘔吐が出現する「嵌頓（かんとん）」になることもある

治療法

♥ 手術療法

- 腹膜や腸の一部が飛び出している筋膜の隙間（ヘルニア門）を、メッシュのシートで閉じる手術を行う
- 嵌頓（※）（かんとん）が起こった場合は緊急手術となり、開腹手術や腸の切除が必要なこともある

※ヘルニア内容（腸など）が、ヘルニア門から出たままになり、戻らなくなった状態

どういう生活を送るのか

日常生活の注意点

- 手術は通常、局所麻酔や硬膜外麻酔により、2泊3日あるいは日帰りで行われ、痛みがあれば鎮痛薬を使用し、手術当日より離床を勧める
- 退院後は通常の生活を送れるが、力仕事や激しい運動は2〜3週間避ける

手術した側の再発は少ないが、反対側に起こることがあるので、日頃からよく観察しておく

腎臓内科
腎・泌尿器疾患

腎不全
（急性腎不全・慢性腎不全）

腎不全は腎臓の働きが低下した状態。腎機能は加齢とともに低下し、高齢者は急性腎不全になりやすいので、早期診断・治療が重要です

どういう疾患か

- 高齢者では、脱水、感染、非ステロイド性抗炎症薬の服用などにより、急性腎不全に陥りやすい
- **急性腎不全**は心不全や重症感染症を起こしやすいので、早期診断・治療が重要
- 慢性腎不全は糖尿病、高血圧、糸球体腎炎が原因になる
- 急性腎不全が慢性化することもある

どういう症状か

- 疲労感、食欲不振、吐き気・嘔吐、呼吸困難感、むくみ、不眠、せん妄など
- 慢性腎不全では、多尿、高血圧、貧血などの症状がある
- 腎機能の低下がかなり進行するまで自覚症状が出ないことも多い
- 高齢者では腎不全でなくてもこのような症状がみられるので、注意が必要

治療法

🔖 薬物療法
- 降圧薬、利尿薬などのほか、腎不全の進行を抑える薬、貧血の治療薬などが用いられる

急性腎不全の治療
- 専門的な治療が必要な場合が多い。人工透析が必要な場合もある
- 脱水が原因の場合、点滴で輸液を行う
- 薬剤が原因の場合はその薬剤を中止する

慢性腎不全の治療
- 高血圧に注意する
- 低タンパク、高カロリーの食事
- 塩分、カリウム（野菜、果物）を摂りすぎないようにする
- 慢性腎不全が進行した場合、透析を行う

❤ 透析による治療
- 腎機能が10％以下になったら、尿毒症を回避するため透析を行う
- 血液透析は、血液を体外の人工腎臓に導いて毒素を除去する方法
- 腹膜透析は、腹腔内に透析液を注入し腹膜を通して血液を浄化する方法

ケアプラン作成時に知っておきたい！知識

どういう生活を送るのか

日常生活の注意点

- 塩分の少ない食事を心がける（塩分は1日5〜7g以下とする）
- 高カロリー食、低タンパク、減塩食を心がけることで腎不全の進行を抑え、尿毒症を予防する
- 脱水に注意する（熱中症、風邪をひいた時などは特に注意）
- 血液中にカリウムが増えすぎると、不整脈などを引き起こすので、カリウムやリンを多く含む食品を控える（海藻、果物、納豆、チーズ、ハム、ソーセージなど）
- 血液中にリンが増えすぎると、骨がもろくなったり、動脈硬化が進行する
- 降圧薬（ACEI、ARBなど）や腎不全の進行を抑える薬を服用する

> 腎不全の進行程度によって食事制限の内容が変わるので、医師からの指導内容を随時確認する

アセスメント時のポイント

- 脱水をチェック（皮膚の乾燥具合など）
- 足のむくみ（むくみが強い時は受診する）
- 鎮痛薬の常用（腎臓の負担が大きい）
- 貧血（顔色が悪い、めまい、疲れやすい）
- 食事療法を理解しているか
- 血圧を測っているか

医療連携時のポイント

- 服用している薬剤の確認（薬剤により腎不全が悪化することがある）
- 医師に腎不全のあることを伝えておく
- 血圧の目標値について確認しておく

> 腎不全の治療は、病気の進行を遅らせることと合併症の予防が目標。食事療法とともに血圧の管理に注意し、体調に合わせて適度な運動を行います。脱水から急性腎不全を起こしやすいので、熱中症や風邪、下痢などに注意しましょう

泌尿器科
腎・泌尿器疾患

前立腺肥大症

前立腺は年齢とともに肥大します。肥大が進んで尿道を圧迫し、尿が出にくくなり、頻尿に悩まされるようになるのが前立腺肥大症です

どういう疾患か

- 男性の膀胱の下、尿道の根元に前立腺がある
- 前立腺は50歳前後から肥大し、進行すると尿道を圧迫して**排尿障害**が起こる
- 80歳男性では90%に**前立腺肥大症**が認められるとされる

どういう症状か

- 尿が出にくい、尿が漏れる
- 尿が全く出なくなることもある（尿閉）
- 頻尿、尿意切迫感、夜間頻尿などの刺激症状もみられる
- 排尿障害の症状は、前立腺がんなどでも起こるので注意が必要
- 仕事、旅行などが制限され、夜間の頻尿による睡眠不足などに悩まされる

治療法

🔹薬物療法

- **α₁遮断薬**：膀胱や前立腺の筋肉をゆるめて尿が出やすいようにする
- **5α還元酵素阻害薬**：男性ホルモンの働きを抑えて前立腺が肥大しないようにする
- **抗アンドロゲン薬**：肥大した前立腺を小さくする効果があるが、性欲減退などの副作用がある
- 植物製剤や漢方薬も使われる

♥手術療法

- 手術には内視鏡手術（TUR-P）、レーザー手術（HoLEP）などがある

memo
- 症状が軽い場合は、そのまま様子をみる（経過観察）
- 症状に応じて薬物療法、手術などの治療が行われる
- 薬剤で良くならない場合、重症の場合、尿閉の場合などは手術を考慮する

ケアプラン作成時に 知っておきたい！知識

どういう生活を送るのか

日常生活の注意点

- 食事は刺激物を避ける、高脂肪・高タンパクの食事を避ける
- 飲酒は控えめに
- 水分補給をしっかり行う
- 排尿をがまんしない
- 身体を冷やさない
- ウォーキングなど、適度な運動を行う
- 市販薬には前立腺肥大を進行させるものもあるので、医師に相談する

尿が近い、尿を出すのに時間がかかるといったサインを見逃さないようにする

男性特有のがん

　前立腺がんは、加齢とともに増加する男性特有の病気という点で前立腺肥大症と同じですが、発症部位もメカニズムも異なります。前立腺がんは悪性の腫瘍で、前立腺の外に広がって他の臓器に転移します。初期段階では自覚症状はほとんどみられず、がんが大きくなると、前立腺肥大と同様の症状が現れます。

　進行すると骨やリンパ節に移転しやすく、完治が難しくなりますが、早期に発見できればほとんどの人が完治することができるがんです。しかし、現在のところ、前立腺がんを確実に予防する手段はありません。そのため、前立腺がん検診などを受け、がんを早期発見することが何よりも大切です。

アセスメント時のポイント

- 年のせいだとあきらめて受診をためらっていないか
- 食事の注意、飲酒などについての理解度のチェック
- 排尿をがまんしていないか
- 水分補給は十分か
- 服用している薬剤のチェック
- 日常生活上どんな支障があるか

医療連携時のポイント

- 前立腺肥大症に禁忌、慎重投与の薬剤は多いので、他の疾患で受診する際は、前立腺肥大症のあることを伝える
- 市販の風邪薬などは前立腺肥大に悪影響を及ぼすことがあるので、服用している市販薬を医師に伝えておく

 前立腺肥大症は年のせいで仕方がないとあきらめている人が多いのですが、前立腺がんなどが発見される場合もあるので受診を勧めましょう。肥大の進行を抑えるような日常生活の注意も重要です

内科、泌尿器科
腎・泌尿器疾患

尿路感染症
（尿道炎・膀胱炎・腎盂腎炎）

尿路内に細菌が感染して炎症を起こす病気として、尿道炎、膀胱炎、腎盂腎炎（じんうじんえん）などがあります。高齢者では症状があまり出ない場合があるので注意が必要です

どういう疾患か

- 細菌が尿路（尿道口からさかのぼって腎臓までの尿の通り道）に感染して起こる
- 尿道側から順に**尿道炎**、**膀胱炎**、**腎盂腎炎**などが含まれる
- 急性と慢性がある
- 免疫力の低下した高齢者がかかりやすい
- 尿量が少ないと膀胱炎になりやすい
- 他の泌尿器系の病気があると治りにくい

どういう症状か

- 少ししか尿が溜まっていないのに排尿したくなる（頻尿）。膀胱炎に多い
- 排尿時の痛み。尿道炎と膀胱炎に多い
- 排尿後も尿が残っている感じがする（残尿感）
- 尿が出なくなる（尿閉）
- 急性腎盂腎炎では高熱や腰痛を伴うことがある

治療法

🔹 薬物療法

- セフェム系抗菌薬、ペニシリン系抗菌薬や、ニューキノロン系抗菌薬を3日～1週間内服する
- 症状がなくなったと自分で薬をやめてしまわず、指示通りに服薬することが大切
- 他の泌尿器系の病気を合併している場合（複雑性尿路感染症）、薬剤耐性菌が原因の場合もあるので、薬の変更を検討する
- 抗菌薬で治らない場合は前立腺肥大症や膀胱がんなどの合併の有無を検査する

🖐 その他の治療法

- 食事を十分に摂り、安静にする
- 水分摂取が少ない場合は、多く取るようにし（口から飲めない場合は点滴で）、排尿を促す（細菌を洗い流す）

ケアプラン作成時に 知っておきたい！ 知識

どういう生活を送るのか

日常生活の注意点

- 水分を多くとって尿量を増やす（細菌を洗い流す）
- 排尿をがまんしない
- 陰部を清潔にする
- 体を冷やさない
- 睡眠不足、過労、ストレスを避ける

繰り返し発症する恐れもあるので、今までに発症したことのある人は定期的な受診を心がける

排尿状況のチェック

- 水分を控えていないか
- 膀胱炎を繰り返す場合、合併症の確認
- 高齢者では症状を訴えない場合があることに注意

アセスメント時のポイント

- 膀胱に留置カテーテルを入れていないか
- おむつ、リハビリパンツをつけているか
- トイレに行きにくくないか、動線のチェックや排泄環境のチェック
- 入浴、陰部の清拭は十分か、習慣化されているか

医療連携時のポイント

- 服用している薬剤に排尿の副作用はないか確認
- 常用薬と膀胱炎の治療薬との併用による影響はないか確認
- なかなか治らない場合、他の泌尿器科の病気がないか確認

免疫力の低下した高齢者に多くみられますが、高齢者では自覚症状があまりないので注意しましょう。また、おむつをしている場合やカテーテルを入れている場合は、陰部の清潔を保つことが重要です

Part2 腎・泌尿器　尿路感染症（尿道炎・膀胱炎・腎盂腎炎）

泌尿器科
腎・泌尿器疾患

神経因性膀胱
しんけいいんせいぼうこう

排尿は脳の神経に支配されています。神経系に異常が起こり機能しなくなると、尿が漏れる、尿が出ないなどの症状が起こります

どういう疾患か

- 脳卒中後遺症、パーキンソン病、外傷（脊髄損傷など）が原因で起こる
- 排尿をコントロールしている神経の働きが障害され、排尿の異常が起こる
- 糖尿病が進行して起こることがある（糖尿病による神経の障害により尿意が起こりにくくなる）

どういう症状か

- 頻尿
- 尿が漏れる（尿失禁、膀胱に尿がたまりすぎてあふれてしまう）
- 尿が出にくい、尿閉（排尿をコントロールする神経の麻痺）

治療法

🖊 薬物療法

- 原因となっている病気や症状により治療法が異なる
- 頻尿、尿失禁には抗コリン薬が使われる
- 残尿がある場合はα_1遮断薬が使われる
- α_1遮断薬は尿道の筋肉をゆるめて尿を出す働きがある

どういう生活を送るのか

日常生活の注意点

- 水分を十分に摂る
- 膀胱留置カテーテルを使用しているときは感染症に注意
- 症状に合わせ機能障害の軽減法を考慮
- 感染症、前立腺肥大症などの合併がないかを確認する
- 基礎にある疾患の治療薬が排尿障害の原因になっていないか、処方内容の確認
- 尿閉、残尿量が多い場合は専門医に紹介

服薬管理

- 薬剤の効果や副作用を知っておく

泌尿器科
腎・泌尿器疾患

過活動膀胱
（かかつどうぼうこう）

急に尿意を催し、がまんできずに漏れてしまうなどの症状があります。高齢者に多く、70歳以上では3割以上の人にみられるといわれます

どういう疾患か

- 通常は、膀胱内の尿が一定量に達したとき、脳にシグナルが伝わって起こる排尿が、尿の量に関係なく起こってしまう
- **神経因性**と**非神経因性**の場合があり、後者の過活動膀胱は、前立腺肥大症による尿道の通過障害、高齢などが原因となる
- 原因が不明の場合も多い

どういう症状か

- 急にがまんできない強い尿意が起こる
- 頻尿、夜間頻尿（夜中に何度もトイレに起きる）
- トイレまでがまんできずに漏れてしまう（尿失禁）
- 症状が頻繁に起こるようになると、日常生活に支障が起こる

治療法

薬物療法

- 主に薬物療法が行われる

抗コリン薬
膀胱の収縮を抑える

α遮断薬
前立腺肥大症が原因の場合、尿道の通過障害を緩和

行動療法

- 尿意をがまんし排尿間隔を伸ばす膀胱訓練も効果がある
- 水分の摂りすぎを控える
- 酒類、茶、コーヒー、刺激の強い食べ物などを控える

どういう生活を送るのか

日常生活の注意点

- 体を冷やさない
- 便秘や肥満を改善する
- 夜間頻尿の場合は就寝前の水分摂取を控える
- 適度の運動を取り入れる

アセスメント時のポイント

- 日常生活への支障はどの程度か（夜間の頻尿による不眠、外出ができないなど）
- 水分を控えすぎて尿路感染などを引き起こしていないか
- 抗コリン薬の副作用（便秘など）に注意する

内科、腎臓内科
腎・泌尿器疾患

慢性腎臓病 (CKD)

急に尿意を催し、我慢できずに漏れてしまうなどの症状があります。高齢者に多く、70歳以上では3割以上の人にみられるといわれます

どういう疾患か

- 心臓の異常が続く状態で慢性に経過するすべての腎臓病を指し、**新たな国民病**ともいわれている
- 蛋白尿・血尿などの尿異常、腎形態異常または、腎機能が健康な人の60％以下に低下した状態が3カ月以上持続すること
- 脳卒中や心筋梗塞などの**血管疾患の危険因子**となる

どういう症状か

- 初期には自覚症状がほとんどない
- 進行するにつれて夜間尿、むくみ、貧血、息切れなどの症状が現れる
- 症状が現れたときは、病気がかなり進行している可能性がある

治療法

治療の原則
- 可能な限り原疾患の治療を行う

薬物療法
- 降圧薬や利尿薬で腎臓の血圧を調整する
- カリウム吸着薬やリン吸着薬で腎臓の体液量、イオンバランスを調整する
- エリスロポエチン製剤や鉄剤で貧血を防ぐ

どういう生活を送るのか

- 定期的に尿検査、血液検査を受ける
- 十分な血糖と血圧のコントロール
- 生活習慣を改善し、腎臓への負担をかけない食生活を心がける

生活習慣の改善例

- **タンパク質の制限**
  必要以上の摂取は腎臓に負担がかかる
- **塩分の制限**
  塩分を摂りすぎると血圧が上がったり、むくんだりする
- **十分なエネルギーの摂取**
  エネルギーが不足すると栄養状態が不良になる
- **カリウム・リン・水分の制限**
  症状に合わせて制限する必要がある

皮膚科、アレルギー科
皮膚疾患

薬疹(やくしん)

薬疹とは、薬を体内に摂取したことにより起こる発疹。多くはアレルギー反応として生じ、その薬をやめれば、薬疹も治まります

どういう疾患か

- 薬を内服したり注射したりしたことにより生じる発疹
- **すべての薬は薬疹の原因**となり得る
- アレルギー性の場合と非アレルギー性の場合があるが、多くはアレルギー性
- 一度薬疹を起こした薬は、同じ人に次回投与した時も薬疹を起こす

どういう症状か

- 薬剤を内服、注射、点鼻、点眼などによって体内に摂取したあとに現れる
- 紅斑丘疹型、蕁麻疹(じんましん)型などさまざまな症状の現れ方があり、薬により異なる
- 初めて使用する薬では1〜2週間の投与後に症状が現れるが、次回使用したときは、投与開始後すぐに症状が現れる

治療法

治療の原則
- 症状が現れたら、すぐに使用中の薬剤を中止し、処方した医師に相談する
- 軽症の場合は薬剤の中止のみで軽快するが重症の場合は入院を要することもある

再発予防
- 一度、薬疹を起こした薬は、次回以降は処方を避けてもらうよう医師に伝える
- 複数の薬を使用して薬疹が起こった場合は、原因薬を特定し、次回以降避ける
- 薬疹の既往がある場合、その原因薬を家族や介護者も知っておき、医療機関で薬の処方を受けるときに注意する

どういう生活を送るのか

日常生活の注意点
- 市販薬を購入する場合、過去に薬疹を起こしたものと同じ薬効成分が含まれていないかを確認する
- 薬疹を起こした薬の代替薬がなく、また、薬に代わる他の有効な治療法もない場合は、その病気を再発または悪化させないよう特に注意する

新しい薬剤が処方されたときや、薬剤が変更されたときなどは薬疹に注意する

Part2 腎・泌尿器　慢性腎臓病（CKD）／皮膚　薬疹

内科 感染症疾患

ノロウイルスによる感染性胃腸炎

1年を通して発生するもので、特に冬に流行します。子どもから大人まで広く発症し、脱水と感染拡大に注意が必要です

どういう疾患か

- ノロウイルスが主に手指や食品などを介し、**経口で感染**。腸管で増殖する
- 感染者のノロウイルスが大量に含まれる糞便や嘔吐物から、人の手などを介して二次感染する場合のほか、人同士が接触して飛沫感染することや、汚染された二枚貝、汚染された井戸水などから感染することもある
- 潜伏期間は1〜2日

どういう症状か

- 腹痛、下痢、吐き気・嘔吐、37℃台の発熱が主症状だが、症状の程度には個人差があり、風邪のような症状で終わることもある
- 症状が続く期間は1〜2日
- 下痢、嘔吐、発熱による脱水症状にも注意が必要

治療法

対処療法

- 水分と栄養の補給を十分に行う
- ノロウイルスの抗ウイルス薬はないので、対症療法を行う
- 脱水症状が強い場合は輸液で水分と電解質を補う
- 止瀉薬（ししゃやく）（下痢止め）は、回復を遅らせることがあるので使用しない
- 食事は消化のよいものを少しずつにする

> 頻繁な下痢による肛門周囲のかぶれは苦痛が大きいので、悪化させないようにする

どういう生活を送るのか

日常生活の注意点

- 水分と栄養の補給を十分に行う
- 高齢者は、脱水症状や体力の消耗が進みやすいので、症状の変化に注意する
- 嘔吐による喉の痛みや出血、下痢による肛門周囲のかぶれなどケアも心がける
- 症状が治っても、発症後1週間程度は二次感染期間なので、本人の排泄後の手洗い、介護者の感染予防が大切
- 汚物や下痢を処理するときは、次亜塩素酸が有効

内科 感染症疾患

インフルエンザ

インフルエンザウイルスの感染によって起こります。例年12月から1月にかけて流行し、体力の低下した高齢者では死につながることもあります

Part2 感染症 ノロウイルスによる感染性胃腸炎／インフルエンザ

どういう疾患か

- インフルエンザウイルスの感染によって起こる
- A型、B型、C型の3種類がある
- 感染経路は主に**飛沫感染**で、強い感染力を持つ
- 体力の低下した人は重症化しやすい。子どもは急性脳症に注意
- 潜伏期間は1〜3日

どういう症状か

- 38℃以上の発熱、頭痛、関節痛、筋肉痛などの全身症状のほか、喉の痛みや咳、痰、鼻水などもみられる
- 気管支炎や肺炎、心不全などが併発することもある
- 高齢者では脱水症状にも注意が必要

治療法

薬物療法

- 発症後48時間以内に抗インフルエンザ薬を投与する
- 発熱や関節痛などには解熱鎮痛薬（アセトアミノフェン）の投与、脱水症状がある場合は輸液

生活習慣の改善

- 十分な栄養と睡眠をとり、体力の消耗を避ける。水分の補給もしっかりする
- 部屋の温度と湿度を保つ
- ウイルスは舞い上がり、空気中を漂うために換気も大切

どういう生活を送るのか

日常生活の注意点

- 発症後3〜7日は鼻や喉からウイルスを排出するので（二次感染期間）、くしゃみや咳がある場合は不織布マスクを着用することが望ましい
- 部屋の湿度を50〜60％に保ち、ウイルスの活動や感染を抑える
- 症状が軽快するまでは安静にするが、過度の安静は筋力低下などにつながるので、症状に応じて離床を勧める

服薬管理

- 抗ウイルス薬が処方された場合は、指示通り確実に服用する。副作用に注意

内科 感染症疾患

MRSA（メシチリン耐性黄色ブドウ球菌）感染症

病院では院内の問題が起こりますが、施設介護や在宅介護では、日常的な感染予防を行っていれば特別恐れる必要はありません

どういう疾患か

- 一般的によく使われている抗菌薬が効きにくくなった（耐性）黄色ブドウ球菌をMRSAという
- 抵抗力の低下した人に感染しやすく、一般的な抗菌薬が効かず治りにくい
- 抵抗力が極度に低下した人、大きな手術のあと、重症のやけど、中心静脈栄養中の場合は重症化しやすい
- 保菌しているだけなら問題はない

どういう症状か

- 咳、くしゃみ、発熱、下痢など
- 体力が極度に低下した人では、髄膜炎、肺炎、感染性心内膜炎、腹膜炎、腸炎、敗血症など

治療法

薬物療法

- 抗MRSA薬の投与

memo
抗MRSA薬： バンコマイシン、テイコプラニン、アルベカシン、リネゾイド、ダフトマイシン

抗菌薬の副作用について理解しておく。高齢者は腎障害や肝障害が起こりやすい。バンコマイシンには聴力低下の副作用もある

どういう生活を送るのか

日常生活の注意点

- 病院では原則として、MRSAに感染している患者は隔離する
- 施設介護や在宅介護の場合は、手洗い、手指消毒、褥創処置や排泄物及び体液に触れるときのプラスチック手袋着用、エプロンやマスクの着用、手荒れを防ぐ、介護者自身の健康維持など感染対策
- 健康な人ならMRSAに感染しても免疫機能によって菌は駆除される

服薬

- 抗菌薬などが処方されている場合は、指示通り服薬し、副作用に注意

内科 感染症疾患

O157感染症

O157は病原性大腸菌の一種。現在、病原性大腸菌は4種ありますが、その中でも腸管出血性大腸菌と呼ばれるもので、腹痛と下痢を伴います

どういう疾患か

- O157は家畜の大腸に生息し、家畜の糞便から水や食物を介して人に感染。感染者から人に感染する
- 感染力が非常に強く、気温の比較的低い時期にも食中毒を起こす
- 潜伏期間は3～5日
- 溶血性尿毒症症候群（HUS）、脳症を合併することもある

どういう症状か

- 激しい腹痛を伴う頻回の水様便と血便。一過性の発熱（高熱ではない）
- 無症状のことや軽症のこともある
- 溶血性尿毒症症候群では、蒼白、倦怠感、乏尿（尿量が少ない）、浮腫などのほか、傾眠や幻覚、けいれんも
- 脳症では、頭痛、傾眠、不穏、多弁、幻覚などがみられたのち、数時間～12時間後にけいれん、昏睡など

治療法

薬物療法

- 症状が進行している場合は、静菌性抗菌剤（マクロライド系）が望ましい
- 溶血性尿毒症症候群や脳症の早期発見、早期治療
- 経口摂取ができないときや脱水症状があるときは、腎機能低下に注意しながら輸液を行う
- 強い腹痛に対しては鎮痛薬を使用

生活習慣の改善

- 安静と水分補給。経口摂取が可能なら、消化のよい食べ物を勧める

どういう生活を送るのか

日常生活の注意点

- 安静を保ち、経口摂取が可能なら水分や消化のよいものを摂る
- 一次感染予防として手洗いの励行。患者が使用したあとのトイレなどを消毒
- 寝具や下着、リネン類は家庭用漂白剤（糞便で汚染されたものは消毒用薬液）に浸してから洗濯する
- 治癒するまでは食品すべてに十分な加熱（75℃以上1分間）を行う

服薬管理

- 抗菌薬は指示通り服用し、副作用に注意

皮膚科
感染症疾患

白癬（水虫）
（はくせん）

白癬菌の種類は40種類以上あり、日本で人に感染するのは10種類ほどです。人から人に感染するものの他に、犬や猫から感染するものもあります

どういう疾患か

- 白癬菌（皮膚糸状菌）という真菌（カビ）によって生じる皮膚の感染症
- 感染する部位により、頭部白癬、顔面白癬、体部白癬、股部白癬、足白癬、爪白癬がある。まれに皮膚の中に侵入し、**深在性白癬**になることもある
- 足拭きマットやスリッパなどを長く共用して足白癬がうつることが最も多い。直接接触して感染することもある

どういう症状か

- 足白癬は、足の裏に小さな水疱ができ、それが破れて皮がむける**小水疱型（汗疱型）**、足の指の間の皮がむけるなどする**趾間型**、足の裏全体が固くなる**角質増殖型**に分類される
- 爪白癬は、爪が白濁してもろくなる
- 体部白癬は赤い小発疹ができ、やがて赤い輪となって広がる。かゆみが強い
- 頭部白癬で頭部の炎症と脱毛

治療法

薬物療法

- ブテナフィン塩酸塩など、抗真菌薬の塗布。体部白癬や股部白癬は2週間程度、足白癬は足全体に最低4週間継続して塗布
- 足白癬の角質増殖型、爪白癬、頭部白癬は内服薬による治療が必要

生活習慣の改善

- 足白癬の場合は強くこすらないようにして足の指の間まで洗う。靴下は5本指タイプにして、足の指の間を乾燥させる
- 他の白癬でも、患部をこまめに洗浄し、乾燥させることが大切

どういう生活を送るのか

日常生活の注意点

- 家族に感染者がいれば、その家族の白癬治療も行う
- 足拭きマットやスリッパの共用は避ける
- 洗濯物を分ける必要はない（白癬菌を含んだ角質は洗い流されるため）

服薬

- 表面的に症状が治っても、一定期間薬物療法を続け、再発を防ぐ
- 抗真菌薬は、併用している薬の血中濃度を上げてしまうことがあるので、注意が必要

内科、救急科
感染症疾患

敗血症

日常的な感染症が原因となって起こる重篤な病態です。死亡率が高く、異常の早期発見と適切な初動治療が重要です

Part2 感染症　白癬（水虫）／敗血症

どういう疾患か

- 感染によって発症した全身性炎症反応症候群のこと
- 尿路感染や肺炎、褥瘡の化膿などを発端に起こる。免疫力の低下、糖尿病など特定の慢性疾患、人工関節や人工心臓弁の使用などがあるとリスクが高い
- 敗血症によって引き起こされる敗血症性ショックになることもあり、死亡率は先進国でも30％前後と高い

どういう症状か

- 38℃以上の発熱、または36℃以下の低体温
- 心拍数や呼吸数の増加
- 悪化すると内臓の機能不全が起こり、血圧が下がる
- 集中的な治療によっても血圧が戻らない場合、生命維持に関わる臓器の血流が低下。浮腫や呼吸困難などが現れる

治療法

薬物療法

- 抗菌薬の投与を早急に行う。2〜3種類の抗菌薬を同時に投与することも
- 敗血症性ショックの場合は大量の輸液を必要とする場面がある

その他の治療法

- 膿瘍がある場合は排膿（ドレナージ）し、壊死した部分を取り除く（デブリードメント）
- 感染の原因として可能性のあるカテーテルや医療器具はすべて取り除く
- 酸素吸入や人工呼吸器の使用など

どういう生活を送るのか

日常生活の注意点

- 医療機関で集中的な治療を受ける必要性が高くなる

必要な福祉・医療機器

- 在宅で治療する場合は、血圧計、パルスオキシメーター、酸素吸入器、自動点滴装置など

高齢者にみられるありふれた感染症でも、常に敗血症のリスクを考慮したケアプランを立てる

整形外科　骨・関節疾患

骨粗しょう症

骨粗しょう症とは骨がもろくなり骨折しやすくなった状態です。骨粗しょう症治療の目的は、骨折を予防し骨の健康を維持することにあります

どういう疾患か

- 骨量が減少し、骨の構造が悪化し、骨折の危険が増した状態と定義される
- 骨代謝（骨吸収と骨形成）のバランスが崩れ、骨の量が減少する
- 加齢、閉経、喫煙、過度のアルコール摂取は骨粗しょう症の危険因子
- 糖尿病、関節リウマチ、ステロイド薬などが原因の場合もある

どういう症状か

- 骨折がない場合、自覚症状はない
- 脊椎骨折により、背中が曲がる、身長低下などの変化が起こる
- 腰痛や背中の痛みの原因となる
- 転倒をきっかけに手足の骨折を生じる

治療法

薬物療法

- カルシウム薬（乳酸カルシウムなど）
- 活性型ビタミンD_3（アルファカルシドール、カルシトリアールなど）
- ビスホスホネート剤（エチドロン酸ニナトリウムなど）
- 飲み方に制約のある薬剤が多いので、服薬管理、医師や薬剤師との連携が重要。

生活習慣の改善

- 運動、カルシウム、ビタミンKの多い食事、薬物療法により、骨の健康を保ち骨折を予防する
- 運動は筋力を強化し、バランスをよくし、体の柔軟性を高める
- 1日600〜800mgのカルシウムを摂る
- 骨粗しょう症の原因疾患を治療する

ケアプラン作成時に知っておきたい！知識

どういう生活を送るのか

日常生活の注意点
- 転倒しないようにする
- 運動を毎日続ける
- 家の中での転倒予防を考える（手すりをつける、段差をなくす、足元を明るく）
- カルシウムの多い食事
- カルシウムの吸収にはビタミンDが必要。紫外線を浴びると皮膚でビタミンDがつくられるので、週に2回くらいは5～30分日光に当たるようにする

服薬管理
- 薬の飲み方を理解して守っているかに注意する
- ビスホスホネート剤では腹痛や胸やけなどの副作用に注意する
- ビスホスホネート剤は、あごの骨が壊死（顎骨壊死）する副作用が報告されているので注意

アセスメント時のポイント
- 運動の実施を提案する（転倒防止リハビリ）
- 手すりなどの福祉用具の活用による転倒防止
- 食事内容の確認。カルシウムの多い食事を提案する
- 腰や背中の痛みの有無を確認する
- 家の中で転倒の危険はないか、家族と一緒に確認する

医療連携時のポイント
- 薬の飲み方や自己注射など、使い方の難しい薬が多いので、認知症などのある場合は医師に伝える
- 痛みの強い時の対処法を相談しておく
- 服用薬に副作用がないか確認しておく

80歳以上になると、ほとんどの人に骨粗しょう症があるといわれます。転倒による骨折を予防する治療のほかに、運動や食事の注意、転倒を防ぐための居住環境の整備が重要となります

Part2 骨・関節 骨粗しょう症

骨・関節疾患 〈膠原病内科、整形外科〉

関節リウマチ

原因不明の免疫の異常から、全身の関節に炎症が起こる疾患。進行すると貧血、倦怠感、発熱など全身にさまざまな症状が現れます

どういう疾患か
- 自己免疫疾患と呼ばれ、体質的なものになんらかの原因が加わり発症すると考えられている
- 関節の骨を覆う滑膜の炎症により、**軟骨が破壊されて関節が変形**する
- 関節破壊により身体機能が低下すると、日常生活にさまざまな困難が生じ、介護が必要となる

どういう症状か
- 関節の痛みやこわばり
- 痛み、腫れが、徐々にあちこちの関節に拡がってくる
- 貧血、疲れやすさ、食欲不振、微熱、体重減少などが起こる
- そのほか血管や神経、皮膚など全身の症状がみられることがある

治療法

🔹薬物療法
- 生物学的製剤は、効果が優れているが免疫力が低下するので、結核や肺炎などの感染症に注意する

❶抗炎症薬
炎症を抑え、痛みを軽くする。非ステロイド性抗炎症薬、ステロイド薬

❷抗リウマチ薬
進行を遅らせる

❸生物学的製剤
新しい治療薬で、関節リウマチの炎症を抑える

❤手術療法
- 手術療法として人工関節置換術、関節固定術、滑膜切除術が行われる

memo
- 関節リウマチの治療は、患者の生活の質を高めることが目標となる
- 薬物療法で骨や軟骨の破壊を防止し、痛みや炎症を軽くする
- そのほか運動療法、物理療法、作業療法、手術療法などが行われる

ケアプラン作成時に知っておきたい！知識

どういう生活を送るのか

日常生活の注意点
- 規則正しい食事
- 疲労やストレスを防ぐ
- 睡眠を十分にとる
- 温熱療法、筋力維持のためのエクササイズを行う
- 重いものを持たずにキャリアーを使って関節を保護する
- 自分でできることはなるべく自分でやる

服薬管理
- 医師の指示通り服用できているか
- メトトレキサートは服用法が難しく、また間質性肺炎など重い副作用が現れることがあるので、特に高齢者では注意が必要
- 生物学的製剤では結核や肺炎など感染の心配がある。結核の既往はないかを確認する

アセスメント時のポイント
- 薬の副作用はないか
- 関節の痛みや、疲れやすさ、食欲不振などにより活動性が低下していないか
- リハビリの必要性を理解しているか
- 生活環境の整備を確認する
- 装具や自助具の使用を検討する

医療連携時のポイント
- 口内炎、咽頭炎、咳、息切れなどがみられた場合は、速やかに医師に伝える
- 低栄養、抗炎症薬の多用がある場合は医師に伝える
- リハビリの目標や方法の確認

 関節リウマチは、長年にわたり増悪、軽減を繰り返すうちに関節が変形し、次第に日常生活が困難になります。医師と相談しながら、根気よく治療、リハビリを続けることが重要です

内科、皮膚科
皮膚疾患

帯状疱疹（たいじょうほうしん）

帯状に連なって現れる水疱・発疹と、強い痛みが特徴です。現在治療中か、最近かかったことがある場合は、詳しく病歴を聞きましょう

どういう疾患か

- 体内に潜伏していた**水痘のウイルス**が再活性化して発症する
- 幼少時に水痘にかかった人は、誰でも帯状疱疹を発症する可能性がある
- 疲労やストレス、加齢などによる免疫力低下がウイルス再活性化の原因となる
- 診断・治療開始が遅れると後遺症（帯状疱疹後神経痛など）が残る場合があり、**早期発見・早期治療が大切**

どういう症状か

- ピリピリした痛みや違和感から始まり、1週間ほどで赤い発疹や水疱が現れる
- 症状は身体の右または左半身のどちらか一方に、肋骨に沿って現れることが多く、強い痛みを伴う
- 好発部位は、
  ①肋骨に沿ったところ（肋間神経）
  ②顔面の眉毛の上（三叉神経第一枝）
- 水疱は7〜10日ほどでつぶれ、赤くただれ、さらに数日でかさぶたになる
- 帯状疱疹後神経痛が残った場合、痛みが長く続き、日常生活に支障を来たす

治療法

🔖 薬物療法

- 抗ウイルス薬（アシクロビル、バラシクロビルなど）をなるべく早く投与する
- 薬剤投与と同時に安静を保ち、体力の回復を図る
- 非ステロイド消炎鎮痛薬（NSAIDs）外用・内服
- 痛みが強い場合は神経ブロック（保険適用）を併用することもある
- 帯状疱疹後神経痛に対してはノイロトロピンR、NSAIDsなどを投与する
- 神経性疼痛緩和薬（プレガバリン）も後遺症治療に使用されている

🔖 リハビリ

- 顔面神経に帯状疱疹が起き、後遺症として顔面神経麻痺が残った場合、まぶたの開閉、口の開閉など顔面筋の動きを取り戻すリハビリが必要になる

ケアプラン作成時に知っておきたい！知識

どういう生活を送るのか

日常生活の注意点

- 一度治れば、通常、再発することはないが、膠原病の人や免疫抑制剤を使用している場合などは、再発することがある
- 高齢者や糖尿病患者では、帯状疱疹後神経痛が残りやすいので要注意

服薬管理

- 抗ウイルス薬を内服する場合は、医師・薬剤師の指示・注意を厳重に守る
- 腎機能障害がある場合や高齢者では抗ウイルス剤の副作用が出やすいので注意

> 認知症や意識障害のある人は、疼痛の訴えが少ないため発病を見逃さないようにする

帯状疱疹の合併症

一般的に帯状疱疹はそれほど怖い病気ではないとされていますが、まれに帯状疱疹のウイルスがひどくなり、恐ろしい合併症を引き起こすことがあります。角膜炎や網膜炎、難聴などがありますが、一番恐ろしいのは脳炎です。帯状疱疹の合併症の中では最も危険な状態であり、帯状疱疹が耳周辺に現れたときに発症しやすく高熱、嘔吐、意識障害などの症状が現れます。

脳炎は治療が遅れると取り返しがつかないほど悪化するリスクがありますので、顔や耳などに帯状疱疹が現れた場合は、すぐに病院で診察を受けましょう。

アセスメント時のポイント

- 痛みのためにADLが低下していないか。どんな動作が障害されているか
- QOLが低下していないか。痛みのために睡眠が障害されていないか
- 痛みのために活動性が全般的に低下していないか。外出などが減っていないか

医療連携時のポイント

- 現在、発症から何日目か、痛みがあるなら、帯状疱疹そのものか、後遺症によるものかを確認する
- 投与中の薬の種類、用法・用量の確認
- 後遺症として顔面神経麻痺がある場合は、その治療・リハビリの経過を確認する

> "とにかく痛い"病気の皮膚科代表が、帯状疱疹。現在の症状や最近の経過などを把握し、痛みによるADL・QOLの低下、日常生活全般における活動性の低下などに注意します

Part2 皮膚 帯状疱疹

皮膚科　皮膚疾患

褥瘡（床ずれ）

寝たきりの高齢者で、体の下になった部分の皮膚が潰瘍化する疾患。在宅の場合は家族にも予防への理解と協力を求める必要があります

どういう疾患か

- 体位変換が難しい寝たきりの高齢者で、体の下になった部分の皮膚に生じる
- ベッドのマットなどと接触していた皮膚が長時間圧迫されて血行不良を生じ、組織が壊死し、潰瘍化する
- 骨が突出している部分、例えば仰臥位の場合は腰の仙骨、踵などに生じやすい
- 背景に低栄養などの要因が関与している
- 体力が低下していると、**褥瘡の感染が全身に拡大**することがあるので要注意

どういう症状か

- 最初の1～2週間（急性期）には、圧迫された部分に発赤やびらんを生じるが、傷害は表皮内のみ（Ⅰ度）
- 急性期に治療せず慢性期に移行した褥瘡では、傷害が真皮（Ⅱ度）、皮下脂肪層（Ⅲ度）に及び、さらに進むと筋肉や骨（Ⅳ度）にまで達する
- Ⅱ度、Ⅲ度では皮膚潰瘍が生じ、細菌感染が起こりやすく、Ⅳ度まで進むと敗血症などを起こすこともある

治療法

急性期の治療

- 急性期（発症から1～2週間）の褥瘡では、ドレッシング材（被覆材）で傷を保護し、適度な湿り気を保つことが重要
- 患部の状態に応じ、傷の保護、感染の制御、保湿などの作用を持つ塗り薬を塗る

慢性期の治療

- 急性期と同様、傷の保護、湿潤の維持、感染の抑制などを図り、皮膚潰瘍内に壊死組織がある場合は取り除く

再発予防と早期発見

- 定期的な体位変換により、同じ部位の皮膚の長時間圧迫を回避し、また低栄養、皮膚の摩擦、乾燥、汚れ、ふやけなど、褥瘡の原因に注意し、取り除く
- 入浴や着替えなどのときに皮膚をよく観察し、褥瘡再発の徴候を発見したら速やかに適切な処置を開始し、悪化を防ぐ
- 褥瘡のよく起こる場所（腰、踵など）に赤みや内出血があるときは再発を疑う

ケアプラン作成時に知っておきたい！知識

どういう生活を送るのか

日常生活の注意点

- 現在、褥瘡がある場合は、急性期か慢性期かに応じて適切な治療を行う
- 褥瘡の既往がある場合は、再発予防のケアを継続し、低栄養などの回避に努めるとともに、常に皮膚を観察し、再発の徴候の有無を確かめる
- 褥瘡のよく起こる場所（腰、踵など）に赤みや内出血があるときは再発を疑う

利用可能な福祉・医療機器

- 交換型、上敷き型、リバーシブル型など各種の体圧分散マットレスがある

薬物管理

さまざまな塗り薬（軟膏）があり、傷の状態や、目的によって使い分ける

- **油脂性**：創面の保護
- **乳剤性**：乾燥した組織に水分を与える
- **水溶性**：滲出液を吸収する

> **memo**
> - 「消毒をしない」、「乾かさない」、「水道水でよく洗う」を三原則として行う湿潤療法も行われることがある
> - 傷口の内部に消毒薬を入れることを避け、感染症の誘因となる壊死組織や異物を除去（デブリードマン）し、有害な病原菌の侵入を阻害することで、傷口の再生を促す

アセスメント時のポイント

- 現在、褥瘡がある場合は、その状態（深達度など）を確認する
- 長期臥床、低栄養に至った経緯。その状態になってからどれぐらい経つか
- 低栄養状態の原因として、嚥下障害・食思不振（食欲不振）の有無、程度など

医療連携時のポイント

- 現在、褥瘡がある場合は、その状態（深達度など）を確認する
- 褥瘡を治療中である場合は、その方法、使用している薬剤などを確認する
- 褥瘡の既往がある場合は、現在実施している再発予防対策の内容を確認する

長期にわたる寝たきり生活、低栄養、皮膚の汚れなどの結果として生じる褥瘡は、いわば本人の生活の質（QOL）を映し出す鏡。きめ細かいケアを怠らなければ、褥瘡は予防可能です

皮膚科
皮膚疾患

疥癬(かいせん)

昔から定期的に流行し、近年、高齢者施設での集団感染も増えている皮膚疾患。感染者が出た場合、まず打つべきは感染拡大防止策です

どういう疾患か

- ヒゼンダニが皮膚の角質層に寄生し、人から人へと感染する皮膚病
- 高齢者施設での集団感染が増え、高齢者だけでなく介護者に感染する例も増えている
- **通常疥癬**と**角化型疥癬**の2つの病型があり、高齢者には角化型疥癬が多い
- 角化型疥癬は高齢者、薬剤使用により免疫能が低下している人に発生しやすい
- 角化型疥癬の治療は入院隔離が原則

どういう症状か

- 通常疥癬では、腹部、胸部、腋の下、腕の内側、陰部、太腿の内側などに丘疹(半球状の小さい隆起)や結節(丘疹より大きい隆起)を生じ、かゆみを伴う
- 角化型疥癬(ノルウェー疥癬)では、体の骨ばってこすれやすい場所や、手、顔などに大量のヒゼンダニが増殖し、患部は灰色〜黄白色の角質に覆われ、亀裂も生じる
- 角化型疥癬では、激しいかゆみを伴う場合と伴わない場合がある

治療法

薬物療法

殺ダニ治療

- ヒゼンダニを殺す内服駆虫剤(イベルメクチン)を1〜2週間空けて2回服用する
- 駆虫剤内服と並行して外用駆虫剤(イオウ剤、クロタミトンなど)を患部に塗ることもある

かゆみ治療

- 駆虫剤にはかゆみを止める作用がないので、かゆみ止めとして抗ヒスタミン剤、抗アレルギー剤を服用する

治癒の判定

- 1〜2週間隔で2回連続してヒゼンダニが検出されず、疥癬トンネル(ヒゼンダニ生息の痕跡)の新規発生がないとき、治癒と判定する

感染拡大防止

- 角化型疥癬は感染力が非常に強いので、原則として入院・隔離の上で治療する

ケアプラン作成時に知っておきたい！知識

どういう生活を送るのか

日常生活の注意点
- いったん治ったと判定されても再発するケースが多いため、数カ月間は定期的に医師の診察を受け、再発の有無を観察する
- 症状がないことイコール治癒ではないので、自己判断をしない

感染者発見時の初期対応（施設職員）
- 施設内で疥癬患者が発見された場合は、他の入所者に感染していないか、感染の範囲はどこまでかを確認する
- 職員の疥癬患者との接触状況を確認する
- 職員に疥癬について周知、啓発を行う
- 角化型疥癬の患者から剥がれた落屑に直接触れないように気をつける

感染者発見時の初期対応（家族）
- 家族に疥癬感染者が発見された場合は、他の家族に感染していないか医師の診察を受け確認する

角化型疥癬の感染拡大防止策
- 入院隔離が原則だが、入院させない場合も、なるべく個室を用意し、隔離する
- 患者は毎日入浴させる
- 患者の衣類、シーツは毎日交換し、50℃以上の湯に10分以上浸してから洗うか、乾燥機で20〜30分加熱する
- 患者のマットレスは表面を掃除機で丁寧に掃除する
- 患者の居室は掃除機で丁寧に掃除する
- 患者と寝具やタオルの共用を避ける

アセスメント時のポイント
- 疥癬の既往がある場合は、背景要因として、糖尿病、がん、感染症などの有無を確認し、全身的な健康度を把握する
- 在宅の場合は、住居の衛生状態や、本人の清潔習慣（入浴、手洗い、洗濯の頻度など）に問題がないかを検討する

医療連携時のポイント
- 最近、疥癬を治療したことがある場合は、いつ治癒と判定されたか、現在も定期受診・観察を継続中かどうかを確認する
- 糖尿病など免疫力を低下させる基礎疾患の有無、ステロイド剤や免疫抑制剤などの投与の有無を確認する

疥癬は、かつては公衆衛生の未発達などを背景にしばしば流行し、皮膚科の"定番"の座を占めた感染性疾患。クライアントの日頃の健康状態とともに、居住環境や清潔習慣にも注意しましょう

皮膚科 皮膚疾患

皮脂欠乏症・皮膚掻痒症・脂漏性皮膚炎

加齢による皮膚組織の変化とともに、かゆみや湿疹を伴うさまざまな皮膚疾患が生じます。"たかがかゆみ"と軽視せず適切な対策をとりましょう

どういう疾患か

- 皮脂欠乏症は、皮膚表面の脂が減少することにより水分が減少し乾燥が生じる
- 皮膚掻痒症は、皮膚に発疹や湿疹がないのに、かゆみが生じる
- 脂漏性皮膚炎は、頭部や顔面に細かい鱗屑（りんせつ）の付着した紅斑が生じる

どういう症状か

- 皮脂欠乏症は、膝から下の下肢によくみられ、皮膚が乾燥し、ひび割れたりする
- 皮膚掻痒症は、全身がかゆくなる場合と、限局性（陰部や肛門など）の場合がある
- 脂漏性皮膚炎は、頭部ではかゆみがあるが、顔面ではあまりかゆみがない

治療法

 薬物療法

皮脂欠乏症
皮膚に潤いを与える塗り薬、かゆみ・湿疹を抑える塗り薬や内服薬を使用する

皮膚掻痒症
高齢者では保湿を心がけ、かゆみは抗ヒスタミン薬や抗アレルギー薬で抑える

脂漏性皮膚炎
悪化要因となる刺激物（整髪料など）があれば避け、ステロイド外用剤を使う

どういう生活を送るのか

日常生活の注意点

- 皮脂欠乏症や、高齢者の皮膚掻痒症では、皮膚の乾燥からかゆみが生じるので、常に皮膚の保湿を心がける
- 空気が乾燥する秋から冬にかけては皮膚も乾燥しやすいので、加湿器などを使用して居室内の湿度を保つ
- 保湿のための塗り薬は朝晩2回塗る
- 入浴時は、垢すりタオルなどで体をこすり皮脂を取りすぎないように注意する
- 脂漏性皮膚炎の再発を疑う症状が現れたときは、他の皮膚疾患の可能性もあるので、必ず皮膚科医の診察を受ける

整形外科（脊椎脊髄科）
骨・関節疾患

腰部脊柱管狭窄症
（ようぶ せきちゅうかんきょうさくしょう）

脊柱（背骨）の中心部は管のように中空になっており、その中に脊髄という神経の束が収まっています。脊柱管が狭くなって神経を圧迫します

Part 2 皮膚 皮脂欠乏症・皮膚掻痒症・脂漏性皮膚炎／骨・関節 腰部脊柱管狭窄症

どういう疾患か

- 腰部の脊柱管が狭くなり、神経を圧迫する
- 50歳代以上の人に多い
- 馬尾型、神経根型、混合型があり、馬尾型は神経根型よりも症状が重く、排尿、排便、性機能障害が起こることもある
- 閉塞性動脈硬化症との鑑別が必要となることがある

どういう症状か

- お尻から下肢にかけての痛みやしびれ、**間欠跛行**、長時間立っているのがつらい、下肢の脱力感など（座骨神経痛）
- 腰を反らせると痛み、少し前かがみが楽
- 馬尾型や混合型が悪化すると、排尿や排便の機能が障害され、緊急の手術が必要になることもある

治療法

♥ **保存療法**
- 腰椎を痛める姿勢や生活を見直す
- 運動療法で腰を支える筋肉を鍛える
- 物理療法による血流改善
- 消炎鎮痛薬、筋緊張弛緩薬、循環障害改善薬、ビタミンB12製剤、末梢神経障害性疼痛治療薬、医療用麻薬
- ブロック療法（硬膜外ブロック、神経根ブロック）で痛みをとる

♥ **手術療法**
- **神経除圧術**：椎骨の一部を切り取り、神経の圧迫を取り除く
- **脊椎固定術**：不安定になっている腰椎を安定させる

どういう生活を送るのか

日常生活の注意点
- 腰椎の負担を軽くする姿勢や動作を身につける。杖やシルバーカーを活用する
- 痛みやしびれのために活動量が減ると、筋力低下ばかりでなく、骨粗しょう症や心肺機能の低下を招くので、腰に負担をかけない活動や運動を続ける
- 入浴は血流をよくするので励行する
- 足の爪のケアがしにくくなるので、支援が必要

服薬管理
- 薬物療法中は、処方通りに服用
- 消炎鎮痛薬による消化管出血など、副作用に注意する

眼科
眼科疾患

白内障

白内障は、眼球の瞳の後ろにある水晶体が白く濁り、視野がかすんでくる病気。視力低下が進んだら、眼内レンズ挿入手術で視力を取り戻します

どういう疾患か

- カメラのレンズの役目をする水晶体が白く濁り、次第に視野がかすんでくる
- 先天性、外傷によるもの、他の病気によるものもあるが、最多は老人性白内障
- 老人性白内障の原因は不明
- 60歳以上の大部分の人に白内障がある
- 初期には点眼薬や内服薬で進行を抑え、視力低下が進んだら手術で治療する

どういう症状か

- 目が疲れる、人の顔がかすむ、老眼鏡をかけてもはっきり見えない、晴天の日にまぶしく感じるなどの症状から始まる
- 進行すると視力がさらに低下し、目の前の指の本数がわからず、ついに、明るいか暗いか程度しかわからなくなる
- 比較的進行の早い人も、ほとんど進まない人もいる

治療法

治療の原則

- 初期には点眼薬を用いるが、進行を抑えることが目的で、水晶体の濁りを元に戻すことはできない
- 薬により進行を抑えられず、視力低下から日常生活に支障が生じた場合、手術治療を行う

決められた点眼を行い、目の安静を守る

♥ 手術療法

- 手術は、白く濁った水晶体を除去し、眼内レンズを移植し、視力を取り戻す
- 手術する時期は患者の年齢や職業などにより異なるが、生活に支障を来たしたら早めに手術を行う
- 長く放置すると水晶体が硬くなり、手術が困難になる場合もあるので注意する
- 眼内レンズは、若いときの見え方に近くなるよう設定されるが、職業上の必要などに応じた設定にすることもできる

ケアプラン作成時に 知っておきたい！ 知識

Part2 眼科　白内障

どういう生活を送るのか

日常生活の注意点

未手術の場合
- 薬を処方されている場合は、医師の指示を守って点眼または内服を続ける
- 目の見え方が悪くなったと感じたら、なるべく早く眼科を受診する
- 白内障の診断を受けている人は定期的に眼科を受診し、手術の時期を眼科医と相談する

既手術の場合
- 点眼薬を指示に従い正しく使用する
- 眼鏡などを使用している場合は、眼科受診時に眼鏡の検査も行う

- 視力低下が著しい場合、日常生活の不都合を助ける道具・機械などを利用する
- 身体障害者手帳を取得していれば、道具・機械の交付・貸与を受けられる（自治体によりサービス内容が異なる）

必要な福祉・医療機器
- 矯正眼鏡
- 拡大鏡（手元のものを拡大して見る）
- 単眼鏡（遠くのものを拡大して見る）
- 遮光眼鏡（まぶしさを防いで見やすくする。緑内障、糖尿病網膜症などにも有用）
- 拡大読書器（読みたいものを拡大してモニターに映し出す）

アセスメント時のポイント

- 未手術の白内障がある場合、視力低下がどの程度進んでいるか
- 視力低下により日常生活に支障が生じていないか
- 著しい視覚障害がある場合、身体障害者手帳を取得しているか

医療連携時のポイント

- 未手術の白内障がある場合、視力低下がどの程度進んでいるかを確認する
- 点眼薬、内服薬を処方されている場合は、その種類、用法・用量を確認する
- 白内障手術後に点眼薬を処方されている場合は、その種類、用法・用量の確認

白内障の大多数を占める老人性白内障は、頭髪が白くなるのと同じ、目の老化現象。適切に治療すれば失明に至ることはないが、手術には適期があるので、逃さないように注意しましょう

眼科 眼科疾患

緑内障

視神経が障害され、徐々に視野が欠けてくる病気。進行すると視力も低下し、失明することもあるので、早期発見・早期治療が大切です

どういう疾患か

- 視神経が障害され、徐々に見える範囲（視野）が狭くなる病気
- 緑内障の90％は原因不明で、予防は困難
- 一度障害された視神経は元に戻すことができない
- 進行すると視力低下も進み、**失明に至る**場合もある
- 治療の基本は眼圧を下げる薬の点眼

どういう症状か

- 初期にはほとんど自覚症状がない
- 最初に視野の一部が欠け、徐々に視野が狭くなってくる
- 進行すると視力も徐々に低下する
- 緑内障患者では眼圧の変動が大きくなっている（自覚症状としては感じない）
- 急性緑内障発作では、眼痛、頭痛、吐き気などの激しい自覚症状が伴う

治療法

治療の原則

- 緑内障治療の目的は、進行を止める、または遅らせること
- 眼圧（眼球内を循環している液体の圧）を下げることが治療の基本
- 薬物療法、レーザー療法、手術がある
- 前眼部の構造の違いにより、主として開放隅角緑内障、閉塞隅角緑内障の2タイプに分かれ、治療法が異なる
- 続発緑内障（他の病気が原因となって起こる緑内障）では、まず原疾患の治療をする

♥ レーザー療法

- レーザー照射により房水の流出路の目詰まりを解消し、眼圧の低下を図る

🔑 薬物療法

- 眼圧を下げる効果のある薬を点眼。内服薬を用いる場合もある

♥ 手術療法

- 薬物療法もレーザー療法も奏効しない場合、手術により房水の流出路を新設する

ケアプラン作成時に知っておきたい！知識

どういう生活を送るのか

日常生活の注意点
- 薬を処方されている場合は、医師の指示を守って点眼または内服を続ける
- 定期的に眼科を受診し、眼圧検査、視野検査などを受ける
- 急に見え方が悪くなるなど、目に異常を感じたら、定期通院日前でも眼科を受診する

服薬管理
- 医師の指示通りに薬を点眼または服用しているか
- 薬の効果を実感できることはほとんどないが、自分の判断で点眼薬をやめない
- 薬の種類によりさまざまな副作用があるので注意する

必要な福祉・医療機器
- 身体障害者手帳を取得していれば、道具・機械の交付・貸与を受けられる（自治体によりサービス内容が異なる）
- 矯正眼鏡
- 拡大鏡（手元のものを拡大して見る）
- 単眼鏡（遠くのものを拡大して見る）
- 遮光眼鏡（まぶしさを防いで見やすくする。白内障、糖尿病網膜症などにも有用）

アセスメント時のポイント
- 視野欠損、視力低下がどの程度進んでいるか
- 視覚障害により日常生活に支障が生じていないか
- 著しい視覚障害がある場合、身体障害者手帳を取得しているか

医療連携時のポイント
- 視覚障害がどの程度進んでいるか
- 点眼薬、内服薬を処方されている場合は、その種類、用法・用量を確認する
- 他の病気で薬を処方する際は、「緑内障に禁忌」の薬を避けてもらう（抗コリン薬などは、眼圧を上昇させる）

緑内障は、放置すれば失明に至ることもあり、中途失明の原因疾患の上位を占めます。大部分のケースでは、薬の点眼がほぼ唯一の治療手段です。根気強く継続することが何より重要です

Part2 眼科 緑内障

歯科 歯科疾患

歯周病

歯周病とは、歯肉や歯槽骨などの歯周組織が冒される疾患の総称。適切なケアを怠ると歯を失う原因になります。日頃の清潔習慣が大切です

どういう疾患か

- 歯を支えている歯肉（歯ぐき）や歯槽骨などの歯周組織が炎症により冒される
- う蝕（虫歯）をしのいで、**歯を失う原因疾患の1位**を占めている
- 残存歯数の増加などにより高齢者の歯周病が増えているといわれる
- 治療・予防は、歯ブラシで炎症の原因となる歯垢（プラーク）を除去すること

どういう症状か

- 初期にはほとんど自覚症状がない
- 進行すると歯肉が赤黒く腫れ（歯肉炎）、次第に痩せ、歯の露出部分が多くなる
- さらに進行すると、炎症が歯肉にとどまらず歯槽骨など周囲の組織にも及び（歯周炎）、歯がぐらつき始める
- 歯周組織の破壊がさらに進むと、歯を支えられなくなり、最終的に歯が抜ける

治療法

歯の清潔を保つ

- 歯ブラシで丁寧に歯をブラッシングし、歯垢を取り除く
- 定期的に歯科を受診し、歯や歯肉の状態をチェックする
- 歯石（歯垢が石灰化したもの）の沈着がはなはだしい場合は、歯科受診時に歯石の除去を依頼する

> 胃ろうなどが長期化している場合や、認知症を発症している場合は歯磨きを行う重要性を理解できなくなり、歯周病のリスクが高まる

悪化要因

- 呼吸器疾患、心疾患、糖尿病は歯周病との関連が指摘され、特に糖尿病は歯周病の悪化要因といわれているので注意する
- 喫煙は歯周病の悪化要因といわれているので、たばこを吸う人は禁煙を検討する

ケアプラン作成時に 知っておきたい！知識

Part 2 歯科 歯周病

どういう生活を送るのか

日常生活の注意点
- できるだけ毎食後、歯ブラシで歯垢を取り除き、常に歯の清潔を保つ
- 定期的に歯科を受診し、歯や歯肉の状態をチェックする
- 歯垢の除去がうまくできない場合は、看護師、歯科衛生士からブラッシングの指導を受ける

必要な福祉・医療機器
- スポンジ歯ブラシ
- オーラルティッシュ
- 本人が歯ブラシをうまく使えない場合、介護者が歯磨きを介助する場合など、これらのものが使いやすければ適宜使用する

合併症への注意
- 歯周病が重症化し、口腔内に歯周病の原因菌が増えると、血液や呼吸器内に入り込み、心筋梗塞・動脈硬化・肺炎などを引き起こしやすくなるので、注意する

memo
- 口の機能は、使わないと次第に衰えていく。高齢者に積極的な口腔ケアを行うことは、歯科疾患や誤嚥性肺炎を予防するだけでなく、食べる機能を維持回復し、低栄養の防止や栄養改善、楽しみのある食生活の実現にも貢献する
- しっかり口腔ケアを行うことで、肺炎の発症は40％も減少し、口腔機能が改善すると栄養の吸収がよくなり、免疫力も上がる

アセスメント時のポイント

- 歯周病により歯を失い、食事や会話に支障を来たしていないか
- 歯磨き習慣が確立されているか
- 歯周病を悪化させる疾患を合併していないか
- 喫煙習慣がないか

医療連携時のポイント

- 歯周病がある場合、どの程度進行しているかを確認する
- 残存歯数、義歯などの使用の有無を確認する
- 歯周病を悪化させる疾患を合併していないかを確認する

歯を失う原因のトップの座を占める歯周病。治療・予防手段は歯磨きしかありませんが、このブラッシングが意外に難しいので、自己流で満足せず、歯科で正しいブラッシングの指導を受けましょう

113

内科、耳鼻咽喉科
口腔疾患

口内炎

口の中や周辺の粘膜に生じる炎症の総称。小さい潰瘍や水疱ができて痛み、食事の妨げにもなり厄介ですが、1週間〜10日程度で治癒します

どういう疾患か

- 疲労やストレス、免疫力の低下、ウイルス感染、口腔粘膜の損傷などさまざまな原因により口腔粘膜に炎症が生じる
- 最も多い**アフタ性口内炎**は、疲労や免疫力の低下が原因と考えられている
- 歯肉、舌、唇、頬の内側などに径2〜10mm程度の丸く白い潰瘍が発生する
- **ウイルス性口内炎**では炎症が多発する

どういう症状か

- 潰瘍化した患部に舌が触れたり、食物が触れたりしたときに痛む
- 小さい潰瘍が2〜3個群がってできることもある
- 一時に多発した場合、強い痛みのために摂食が困難になることもある
- 通常は放置しても10日〜2週間ほどで自然に消滅し、跡は残らない

治療法

薬物療法

外用剤

- 潰瘍部分を物理的刺激から保護する意味もある
- ステロイド軟膏（ケナログ、アフタゾロンなど）
- ステロイド貼付錠（アフタッチ）、パッチ剤（アフタシール）

内服薬

- 細菌性・ウイルス性口内炎の場合は抗菌薬・抗ウイルス薬を内服する

その他

- 長期にステロイド軟膏を使用しても改善がみられない場合は、使用を中止し、ウイルスなど他の原因を検索する
- その他、どのような治療にも反応せず、う蝕歯（虫歯）や義歯による物理的刺激などを除去しても改善しない場合は、口腔がんを疑い専門医を紹介する

ケアプラン作成時に知っておきたい！知識

どういう生活を送るのか

日常生活の注意点

- ステロイド軟膏、パッチ剤、内服薬などを処方されている場合は、医師の指示通りに使用する
- 歯磨き、うがいなどにより口腔の清潔を維持する
- 長期に薬を使用しても症状が改善しない場合は、歯科・口腔外科などを受診する

服薬管理

- 医師の指示通りに外用剤・内服薬を使用しているかを確認する
- ステロイド軟膏などの使用が長期にわたっていないかを適時確認する

アセスメント時のポイント

- 口内炎の痛みが食事に支障を来たしていないか
- 軟膏の患部への塗布などが自分で適切に行えるか
- 歯磨きなど口腔の清潔習慣が確立しているか

医療連携時のポイント

- 薬を処方されている場合は、その種類、用法・用量などを確認する
- ステロイド軟膏などを長期に処方されていないか
- 細菌性、ウイルス性など原因のはっきりしている口内炎か否か

口内炎は若年者から高齢者まで幅広く、多くの人に発生します。大部分は放置しても自然に消滅しますが、長期にわたる場合は原因を突き止め、原因に応じた治療を実施するようにしましょう

消化器内科、消化外科
がん疾患

胃がん

日本人に多いがんの1つです。治療のために胃切除を行った場合は、食事摂取や栄養の問題を抱えることが少なくありません

どういう疾患か

- ピロリ菌の感染のほか、塩分の多い食事、飲酒、喫煙、肥満などが危険因子
- 胃がんの罹患数はがんの中で男性1位、女性3位（2010年）、同じく死亡数は男性2位、女性3位（3013年）
- 胃切除後は栄養障害（鉄欠乏、ダンピング症候群(※)など）に注意が必要
  ※切除後症候群の1つで食物が胃にとどまらず、未消化のまま一度に腸に流れ込む

どういう症状か

- 早期は無症状のことが多い。胃がんに合併して起こる胃炎や胃潰瘍によって、胃部の不快感やもたれ感、胸やけ、みぞおちの痛みや吐き気を感じることも
- 進行すると、食欲不振、胃部の重苦しさ、体重減少、疲れやすさなど
- がんの部分から出血がある場合は、黒色便やタール便。嘔吐時に血が混じる

治療法

♥ 手術療法

- がんが早期で粘膜内にとどまっていれば、内視鏡的粘膜切除術（EMR）、内視鏡的粘膜下層剥離術（ESD）が可能
- がんが粘膜下層に達している場合は、胃切除術を実施。胃切除術には、胃全摘、幽門側胃切除術、噴門側胃切除術、胃部分切除がある
- 胃切除術は、開腹手術で行う場合と、おなかに数カ所穴を開け、そこから手術器具を入れて操作する腹腔鏡下手術で行う場合とがある

💊 薬物療法

- がんが粘膜下層を超えて筋層に達していて、かつリンパ節転移のある人に対しては、術後に「ティーエスワン」という抗がん薬を内服する術後補助化学療法が行われる
- すでに遠隔転移があり、手術ができない人に対しては、「ティーエスワン」に加え、「シスプラチン」という注射薬の抗がん薬を投与するのが標準治療

memo
術後やがん薬物療法中の栄養障害を予防・改善するために、栄養機能食品や栄養補助食品も利用した栄養療法が行われることも増えている。進行性の胃がんの場合、いつまで抗がん剤を続けるかの判断が大切である

ケアプラン作成時に知っておきたい！知識

どういう生活を送るのか

日常生活の注意点

- 胃切除後は、切除部位によって起こりやすい合併症とは異なるが、胃を失ったり、胃が小さくなってしまったために、栄養障害に陥る人が少なくないので、栄養面での注意が必要になる
- 胃切除後は、少しずつよく噛んで食べる、1回の食事量を少なく回数を多くする、すぐに食べられるものを身近に置く、食べてすぐに横にならない、水分を意識して摂取することなどが大切
- がんの再発は3年以内に起こることが多い。術後の定期検診は一般的に5年間行われるので、再発や残胃がん、重複がんの早期発見のためにも定期検診は指示通りに受けることが大切

服薬管理

- がん薬物療法を行っている場合は、確実に服用
- 副作用に注意する。抗がん薬の代表的な副作用は、食欲不振、吐き気や嘔吐、味覚の変化、口内炎、下痢、皮膚の乾燥など
- 抗がん薬の副作用に1つに、白血球の減少がある。感染予防のために、外出から帰宅後の手洗いとうがい、人混みを避ける、外出時のマスク、なま物を避けるなどを励行

アセスメント時のポイント

- 食事の摂取状況と栄養状態
- 胃切除後やがん薬物療法の影響で、困っていることはないか
- 高齢者には過去に胃切除術を行っている人も多い。その人なりに行ってきた食事の工夫などがあるか確認

医療連携時のポイント

- 手術療法の内容を確認
- がん薬物療法の内容や、気をつけるべき副作用を確認
- 腸閉塞など緊急を要する術後合併症が発症した場合の対応について確認

がんの末期の場合、在宅で看取ることも増えています。食欲不振や吐き気、腹水、浮腫などのケアをしながら、できるだけ自立した生活を支え、穏やかに過ごせるように支援することが大切。本人と家族の心のケアも忘れずに行いましょう

呼吸器内科、呼吸器外科
がん疾患

肺がん

肺がんは、罹患数も死亡数も増えているがんです。喫煙と密接に関係し、日本人女性の場合は受動喫煙の影響が比較的強いとされています

どういう疾患か

- 最も重要な危険因子は喫煙。日本人の場合、喫煙者の肺がん罹患リスクは、非喫煙者に比べ男性4.8倍、女性3.9倍（2008年の研究）
- 日本人のがんによる**死亡原因1位**（2013年）。今後も増加が予測される

どういう症状か

- 早期は無症状のことも多いが、長引く咳、血痰、胸痛、喘鳴、息切れ、嗄声などが主な症状である
- 進行すると、息苦しさや疲れやすさ、体重減少なども

治療法

♥ 手術療法

- がんのできている場所や広がり具合によって、肺の一部または片肺全部を切除する
- 多くの場合はリンパ節郭清も行う
- 開胸手術で行う場合と胸腔鏡下手術で行う場合があり、最近は後者が主流になりつつある

放射線療法

- 根治を目的に行う「根治的胸部放射線療法」と、転移によって起こる症状を緩和するための「緩和的放射線療法」がある
- 根治的胸部放射線療法は、手術ができない場合などに行う。一般的に1日1回の照射を毎日（平日）、3〜6週間続ける

がん薬物療法

- がんの種類や進行度により、手術療法や放射線療法と組み合わせて実施
- 肺がんの中でも「非小細胞がん」に対しては、がん細胞の分子に作用する「分子標的薬」を用いることも

> 息苦しさや疲れやすさがある場合、ケア時の身体の動かし方なども工夫し、できるだけ負担をかけないようにする

ケアプラン作成時に知っておきたい！知識

どういう生活を送るのか

日常生活の注意点

- 喫煙していた人は禁煙する。禁煙によって、痰の量を減らし、肺炎を起こす危険性を下げることができる
- 肺の切除や放射線照射の影響で、肺の機能が低下することがあり、息切れしやすくなったり疲れやすくなることがあるが、適度に体を動かすことが大切。「呼吸リハビリテーション」が重要
- ちょっとした風邪から肺炎になることもあるので、外出後の手洗いやうがい、外出時のマスク着用などで風邪やインフルエンザを予防する。がん薬物療法中は抗がん薬の副作用で白血球が減り、感染症にかかりやすくなるので特に注意

服薬管理

- 抗がん薬あるいは分子標的薬を内服中の場合は、指示通り確実に服用
- 飲み忘れた場合はその際の指示通りに服用
- 抗がん薬、分子標的薬は、薬の種類によって副作用が異なるが、重篤な症状が現れることもあるので注意する

アセスメント時のポイント

- ADLの自立の程度。どのような動作で息苦しさなどが現れるか
- 呼吸が楽な体位はあるか
- 禁煙できているか
- 呼吸リハビリテーションの理解及び実施状況
- 肺炎など合併症の状況
- 転移による症状や苦痛はないか

医療連携時のポイント

- 手術療法や放射線療法の内容を確認する
- がん薬物療法の内容や、気をつけるべき副作用を確認する
- 肺炎など緊急を要する合併症、あるいはがんのために起こりうる症状と、発症時の対応について確認する

肺がんは、がんの種類や進行度によって予後が大きく異なります。呼吸機能の低下によってADLが制限されるようになることも多く、末期になるとその傾向が強くなるので、呼吸困難を緩和するケアが大切になります

内科、緩和ケア科　がん疾患

がん末期

がん末期は症状の変化が早く、臨機応変な対応が求められます。どのがんでも終末期は共通する部分が多いので、ある程度予測しながらケアを行います

どういう疾患か

- 医学的な定義はないが、がんが進行したことにより「現代医療において可能な集学的治療の効果が期待できず、積極的治療がむしろ不適切と考えられる状態で、**生命予後が6カ月以内**と考えられる状態」をいうが、実際には予後の予測は難しい
- がん細胞から炎症物質が分泌され、全身に慢性炎症が及ぶ
- 炎症の影響で、「がんの悪液質」という状態を示す

どういう症状か

- がんによる炎症、がん細胞から分泌される物質によって痩せていく
- 呼吸や嚥下に必要な筋肉が萎縮し、呼吸困難や嚥下困難が起こる。また心臓や内臓の筋肉も衰えるため、内臓の機能や物質の代謝も低下する
- 脳神経系にも影響が及び、抑うつやがん性疼痛を引き起こす
- 造血機能が低下し、がん性貧血となる
- 腹水や胸水、浮腫などが現れる

治療法

♥ 対症療法（緩和ケア）

- がん性疼痛に対しては、非麻薬性鎮痛薬、弱い麻薬性鎮痛薬、強い麻薬性鎮痛薬、及び鎮痛補助薬を使用して、世界保健機構（WHO）による「除痛ラダー」に従い、痛みの程度に応じた段階的な疼痛治療を行う
- 食欲不振や嚥下障害、発熱、吐き気や嘔吐、呼吸困難、喀痰困難、便秘・下痢、だるさや不眠などに対しては、対症療法で苦痛をやわらげる
- 腹水による強い腹満感、胸水による呼吸困難は、たまった水を抜く腹腔穿刺（せんし）、胸腔穿刺を行うことがある
- 不安や恐怖心、悲しみなど、精神的な苦痛に対しては、精神安定薬、抗不安薬、抗うつ薬など薬物療法のほか、カウンセリングや、音楽療法など各種セラピーが行われることも
- がんの苦痛は「全人的苦痛」（身体的な痛み、心理・精神的な痛み、社会的な痛み、スピリチュアルな痛み）といわれ、これらすべてを網羅するケアが行われる

ケアプラン作成時に知っておきたい！知識

どういう生活を送るのか

日常生活の注意点

- 可能な限り日常生活を維持する
- 痛みはがまんしない
- 苦痛を取り除く治療は積極的に行う
- 徐々に状態が変化していくので、適切なケアと家族の理解が必要になる
- 最後の3カ月前くらいは日常生活ができなくなり、一日中うとうとするようになる
- 数日前になると、バイタルサインがさらに不安定になり、呼吸も不規則に。呼びかけに答える力も低下するが、声は聞こえているので、自然に話しかけたり呼びかけたりすることが大切。不用意な会話は避ける

服薬管理

- 鎮痛薬などの薬剤は、可能な限り経口投与される
- 麻薬性鎮痛薬による便秘など副作用に対するケアを行う

> **memo**
> 末期がんの場合、経済的負担の軽減を含め、迅速な要介護認定審査の実施と、本人と家族の意向を汲んだ綿密なケアプラン作成を心がける必要がある

アセスメント時のポイント

- ADLがどの程度維持されているか
- 痛みはコントロールされているか
- 生活する上で最も困っていることは何か
- 本人や家族が、生活や人生の中で何を大切に思っているか

医療連携時のポイント

- 今後の見通しを確認する
- 医療処置の内容を把握する
- 家族の不安や、症状の変化に対する理解を把握し、医療者と共有。必要に応じて情報提供を行う
- 看取りの際の連絡法などを確認する

がん末期の看取りは、在宅や病院がほとんどですが、今後は施設での看取りが増えていくと予測されます。医師、薬剤師、看護師、理学療法士などの医療職と、ケアマネやヘルパーなど介護職、そして家族のチームワークが重要です

神経内科
脳神経疾患

筋萎縮性側索硬化症（ALS）

国の特定疾患治療研究事業疾患の1つです。運動の指令を伝える「運動ニューロン」の障害で、呼吸に必要な筋肉も徐々に衰えていきます

どういう疾患か

- 運動を司る運動神経細胞が障害されるために、脳からの運動指令が筋肉に届かなくなる。視力や聴力などの五感や内臓機能、知的機能などはすべて保たれるのが特徴。原因は不明

どういう症状か

- 初期症状は手指の使いにくさ。話しにくい、食べ物が飲み込みにくいという症状から始まることもある
- 進行性でやがて全身の筋肉が衰え、数年で四肢麻痺、構音障害、嚥下障害が起こり、呼吸も自力でできなくなる
- 眼球運動障害や失禁はほぼみられない

治療法

薬物療法
- 神経細胞を保護してALSの進行を遅らせる「リルゾール」（ALS治療薬）の投与をすることがある

対症療法
- 運動訓練の実施
- 呼吸困難に対しては、鼻マスクによる呼吸補助あるいは気管切開による呼吸補助、人工呼吸器の使用など
- 嚥下困難に対しては、嚥下しやすい食事の工夫、胃ろうや点滴による栄養補給
- 意思の疎通にはコミュニケーションボードや、コンピュータ・マルチメディア（意思伝達装置）などを利用する

どういう生活を送るのか

日常生活の注意点
- 機能障害の程度に応じた介護が必要
- 関節拘縮の予防が大切
- 気管切開が行われる時期には、痰の吸引が必要。人工呼吸器や吸引器を使用している場合は、災害時の停電に備える

必要な福祉・医療機器
- 介護ベッド、車椅子、呼吸補助器、吸引器

服薬管理
- リルゾールの内服介助が必要。吐き気、めまい、頭痛、眠気などの副作用に注意する
- 睡眠薬などを服用している人もいる

耳鼻咽喉科 その他の疾患

味覚障害

味覚異常の原因は多様ですが、高齢者の場合は、加齢により感覚器の機能が低下したために味覚の減退が起こるケースが増えます

どういう疾患か

- 亜鉛の不足、加齢による味覚の減退、嗅覚の低下に伴う味覚の低下、舌苔など舌の表面の異常、薬剤などの副作用、ドライマウス、病気の影響などで起こる
- 味覚障害の半数を占めるのは65歳以上の高齢者。加齢による味覚の減退を感じ始めるピークは60〜70歳代

どういう症状か

- 食べ物の味がしない
- 甘いものが甘くない
- 調理の味付けが濃くなる
- 口の中にいつも味を感じる（酸っぱいなど）
- 食事をすると薬臭い、食事がまずい

治療法

原因に応じた治療

- 亜鉛不足には食事内容の改善や、亜鉛不足を引き起こす病気の治療など
- 嗅覚障害を引き起こしている病気の治療
- 舌苔の除去や舌炎の治療
- 味覚障害を引き起こしている薬剤の特定と、薬剤変更の検討

生活習慣の改善

- 亜鉛不足の場合、亜鉛を多く含む牡蠣、ゴマ、海藻、大豆などを積極的に摂取する

memo
現在、味覚異常の治療薬として認可されている薬剤はないが、亜鉛を含む薬が処方されたり、サプリメントを利用することもある

どういう生活を送るのか

日常生活の注意点

- 亜鉛不足の場合は食事療法の内容に沿った食事をする（1日に必要な亜鉛の量は15mgだが、日本人の多くは不足しているといわれる）
- ミネラルやビタミン、タンパク質もバランスよく摂り、亜鉛が効果的に働くようにする。添加物を摂りすぎない
- 口腔内の清潔を保つ（口腔ケア）
- ストレスをためこまない など
- 味覚障害によって食欲が低下し、栄養障害になるリスクもあるので注意する

完全に回復することや、回復に時間がかかることもあるので、味以外の要素（食感や香りなど）に変化をつける

神経内科
脳神経疾患

睡眠障害

不眠の原因と、不眠のタイプを知っておきましょう。加齢とともに必要な睡眠時間は少なくなるので、睡眠時間にこだわらないことも大切です

どういう疾患か

- 体の痛みやかゆみ、咳、夜間頻尿などのほか、昼寝や運動不足が原因のことも
- うつ病などの精神疾患、睡眠時無呼吸症候群などの疾患、薬剤の影響で起こることもある
- 60歳以上で急増し、70歳以上では30％にみられる

どういう症状か

- なかなか寝つけない「入眠困難」、夜間に頻繁に目が覚める「中途覚醒」、朝早く目覚めて再入眠できない「早朝覚醒」、熟眠感を得られない「熟眠不全」がある
- 夜間十分な睡眠を得られないと、昼間の眠気や集中力低下、認知機能低下も
- 昼夜逆転することもある

治療法

原因の治療

- 睡眠時無呼吸症候群、むずむず脚症候群、過眠症など、睡眠障害に結びつく疾患の治療を行う
- 概日リズム睡眠障害を改善する（体内時計のリセット）
- 服用している薬剤の見直し

薬物療法

- 睡眠障害のタイプに応じた睡眠薬
- 抗うつ薬、抗不安薬、抗精神病薬などが使用されることもある

早すぎる時間に就寝しないように、夜の過ごし方を工夫する

どういう生活を送るのか

日常生活の注意点

- 眠くなってから床につく、同じ時刻に毎日起床、眠る以外の目的で床の中で過ごさない、昼寝は15分以内など、基本的な睡眠習慣を守る
- 日中をできるだけ活動的に過ごす
- 寝る前の飲酒は避ける
- 睡眠不足や、睡眠薬（ベンゾジアゼピン系）の影響によるケガや転倒に注意する

服薬管理

- 睡眠薬は処方通りに服薬する
- 短時間作用型、中時間作用型、長時間作用型など、睡眠薬のタイプごとに副作用が異なるので注意する

高齢者によく見られる症状

浮腫（むくみ）

なんらかの原因で、皮下組織に水分がたまった状態を浮腫（浮腫み）といいます。心不全や腎不全などが悪化して、浮腫が強くなることもあります

どういう症状か

- 加齢によるもの、疾患に関連しているもの、薬剤の影響によるものがある
- **全身性浮腫の原因**：心不全、腎炎や腎不全、肝硬変、栄養障害、薬剤など
- **限局性浮腫の原因**：皮膚感染症、アレルギー、下肢静脈瘤や深部静脈血栓症、リンパ節の切除、機能障害など
- 高齢者の場合は、臓器の機能低下により下腿や足首に起こりやすい
- 全身性浮腫は、通常重力の影響で下腿や足背に浮腫がみられる。左右差はないが、体位により変化する
- 浮腫のある部分を圧迫すると、そのあとがなかなか戻らない
- 体重増加やだるさ
- たまっている水分が体重の5〜10％に満たない場合は目に見えない場合もあり、それを潜在浮腫という

治療法

🔧 リハビリなど

- 加齢によるものに対しては、運動療法などでリンパ液や血流の改善を図る
- 浮腫の原因疾患の治療が重要
- 高度な浮腫やリンパ浮腫の場合は、圧迫療法、運動療法、リンパドレナージ、スキンケアをトータルで行う（複合的理学療法）

❤ 手術療法

- リンパ浮腫の場合、リンパ液が静脈に流れるようにする「リンパ管静脈吻合術」を行うこともある

どういう生活を送るのか

日常生活の注意点

- できるだけ活動量を増やし、リンパ液の流れや血流が滞らないようにする
- 長時間の同一体位や冷えを避ける
- 腹式呼吸や肩回しによって、リンパ管の動きが刺激されるので積極的に行う
- 浮腫の部位を締めつける衣服は避ける
- 浮腫のある部位は特に皮膚の清潔を保ち、虫刺されや小さなケガにも気をつける。皮膚感染症を早期に発見して対処する

Part2 脳神経　睡眠障害／高齢者によく見られる症状　浮腫（むくみ）

高齢者によく見られる症状

廃用症候群

過度の安静や活動性の低下によって、運動機能や心肺機能などが衰え、起きられない、歩けないなどのほか、うつ状態になることもあります

どういう症状か

- 体や脳の機能を使わないことによって、体の一部、全身、精神や神経の働きが低下してしまった状態
- 絶対安静の状態（筋収縮が行われない状態）でいると、1週間で筋力が10〜15%低下するといわれる
- 高齢者の場合は2週間のベッド上安静で下肢の筋肉が20%萎縮するともいわれる

- **体の一部**：筋肉の萎縮、関節の拘縮、骨の萎縮、皮膚の萎縮、褥瘡、静脈血栓症など
- **全身**：心肺機能低下、起立性低血圧、消化機能低下（食欲不振、便秘）、尿量の増加（血液量の減少→脱水）など
- **精神や神経**：うつ状態、知的活動低下、周囲への無関心、自律神経の不安定、姿勢や運動の調節機能低下など

治療法

リハビリ

- 予防と改善の基本である、「本人が選んだ、生きがいのある生活を送っていることで、自然に生活も活発であること」を目指した働きかけ（生活活動への意欲を回復できるような働きかけ）をする
- 理学療法士、作業療法士、言語聴覚士によるリハビリテーションの実施

生活習慣の改善

- ベッド上安静の原因となる疾患やケガの治療を適切に行い、離床を促す
- 座位時間を増やし、上肢や下肢を動かす運動を行う
- 規則正しい生活、食事を習慣づける

リハビリテーション

ケアプラン作成時に知っておきたい！知識

どういう生活を送るのか

日常生活の注意点

- 「年だから」という考えで、生活を消極化させることを避ける
- 家にこもらない
- ベッドで寝ている時間を減らす
- 周囲が積極的に話しかける、面会を増やすなど
- 活動へと本人の気持ちが動くような、興味の対象を見逃さない
- 褥瘡や神経麻痺の発生に注意する

廃用症候群を予防するために

　廃用症候群を予防する第一歩は、ベッドから起き上がることです。歩行ができない人でも、座っていれば上半身の筋肉を使うことになり、筋力の維持につながります。座ることは、血圧の調整（起立性低血圧の予防）や循環の改善、呼吸状態の改善なども促します。起きて動くためにいちばん大切なのは、本人の意欲です。「○○をしたい」、「▲▲に行きたい」など、本人主体の目標を家族や介護が共有し、達成に向けて協力をしていきましょう。

アセスメント時のポイント

- 維持されている機能、低下はしているが回復の可能性がある機能、回復が見込めない機能を確認する
- 本人の回復への意欲を引き出す
- 過去の趣味や興味の対象を聞き取る
- 家族の理解と、回復に向けた意欲の評価をする
- 訪問リハビリ、デイケア、デイサービスなどによる機能維持、回復のケアプランを立てる

医療連携時のポイント

- 身体的疾患、精神神経的疾患の有無と、その治療状況、回復の見通しを確認
- 機能低下の状況を確認する
- もともとの疾患や、廃用症候群によって、引き起こされる可能性のある疾患を理解しておく
- 本人、家族、医療者、介護者の意識を統一させ、目標を立てる

廃用症候群は、1つの機能が低下すると雪だるま式に機能低下が起こるという特徴があるため、何よりも予防が大切。きめ細かく働きかけられる人的余裕と介護力のある施設が理想です

介護・医療連携シート

ダウンロード対応

介護と医療の連携強化のため、最低限、情報共有すべき事項をチェックシートとしてまとめてあります。お互いの円滑な情報共有に生かしてください

基本情報　【記入日：平成 ◯◯ 年 ◯ 月 △ 日】　　　記入者：◯田△男

氏名 ◯山△美	生年月日　M・T・(S)・H　5 年 ◯ 月 △ 日
住所 東京都◯◯区△△町1-2-3	TEL 03-××××-×××× 緊急連絡先 090-××××-××××（娘）
【介護保険】　未申請　・　申請中 自立　　　要支援　Ⅰ・2 　　　　　要介護　1・(2)・3・4・5 認定年月日：平成　　年　　月　　日 有 効 期 限：平成　　年　　月　　日～ 　　　　　　　　　　年　　月　　日	【医療保険】 社保（本人）・家族）・国保・その他（　　　） 老人医療 老人健康　自治体単独　後期高齢者医療 公費医療　特定疾患　自立支援医療　その他
障害高齢者の日常生活自立度 自立　　J1・J2・A1・A2・B1・B2・C1・C2 認知症高齢者の生活自立度 自立　　Ⅰ・Ⅱa・Ⅱb・Ⅲa・Ⅲb・Ⅳ・M	＜取得年月日：平成　　年　　月　　日＞ 身体手帳　申請中（　　級） 養育手帳（　　度） 精神障害者福祉手帳（　　級） 生活保護 収入（年金など）
【家族構成】 　　夫は3年前に心不全で他界 　　長男：52歳　神奈川県在住　会社員　既婚 　　長女：50歳　東京都在住　専業主婦	

Part 2　高齢者によく見られる疾患

自宅の見取り図・住宅の周囲
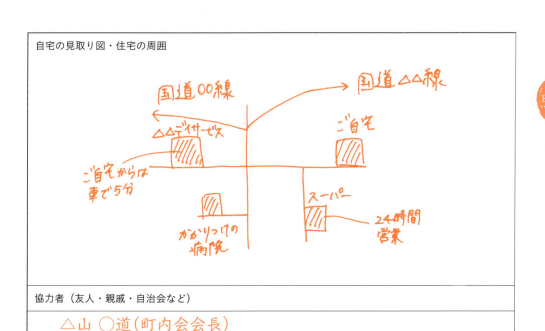

協力者（友人・親戚・自治会など）

△山 ○道（町内会会長）

△川 ○代（日本画サークルの友人）

往診歴・現症		担当介護支援専門員
○年○月○日　脳梗塞発症、手術を受けるが左手に麻痺が残る ○年○月○日　転んだ際に腰を打ち、しばらく寝たきり状態になる		△村 ○子 事業所名 ○○ケアセンター TEL
担当医（病院・施設） 脳外 科　△△ 医師 入院・入所期間 平成　　年　　月　　日〜 　　　　　　　月　　日	服薬内容 薬局 △△薬局	在宅サービスの利用状況 (訪問系) 通所系 (ショート) (福祉用具) 地域密着・小規模多機能 住宅改修 地域支援

Part2　介護・医療連携シート

身体情報

項目	現在の状況 【記入日：　年　月　日】
病状	左手に麻痺があるが、日常生活はほぼ自立して行うことができる。現在は通っている病院で理学療法士の訓練を受けている。
痛み	㊲／無
食事（形態／状況）	ペースト／刻み／㊲普通／経管栄養／介助／一部介助／自立／むせこみ
口腔ケア（形態／状況）	自立／㊲一部介助／介助
移動（方法／状況）	自立／見守り／手引き／車椅子／㊲杖／歩行器／シルバーカー
立位保持	自立／㊲介助／不可
寝返り	㊲自立／介助／不可
入浴（方法／状況）	自立／㊲介助／不可／シャワー／清拭
排泄	自立／㊲見守り／介助／オムツ
衣服の着脱	自立／介助／㊲一部介助／仕上げのみ
コミュニケーション	意思の伝達　㊲可／困難
認知症の進行状況	問題行動　悪化／改善
睡眠	良眠／昼夜逆転／㊲何度か起きる／途中から目が覚める
【特記事項】	

Part 3

もう一度確かめて
おきたい基礎知識

医療基礎知識 ①

人体の構造と仕組み

人の体の構造と仕組みを知っておくと、病気を理解するのに役立ちます。
ここでは、心臓、消化器、呼吸器、尿路、脊柱について簡単に解説します

心臓・血管

心臓は全身に血液を送り出すポンプです。右心房、右心室、左心房、左心室という4つの部屋を持っています。肺で酸素を取り込んだ動脈血は、左心房から入って左心室を通り大動脈へ、上大静脈と下大静脈で戻ってきた静脈血は、右心房から入って右心室を通り肺へと向かいます。

上大静脈
頭部や上肢の静脈血を心臓に戻す静脈。腫瘍や炎症、大動脈瘤などによって上大静脈が圧迫されたり閉塞すると、頭部や頸部の腫れやうっ血などが起こる

大動脈
人体で最大の動脈。左心室から上方に出て大動脈弓と呼ばれる曲線を形成して下降し、総腸骨動脈の分岐点に終わる。大動脈瘤破裂（胸部、腹部）、大動脈解離は致死率が高い

肺動脈
二酸化炭素や老廃物を回収して、戻ってきた静脈血を肺に送る血管。動脈であっても静脈血が流れているのは肺動脈と、妊娠中に胎盤と赤ちゃん（胎児）をつなぐ臍動脈（さいどうみゃく）だけである

下大静脈
内臓や下肢の静脈血を心臓に戻す静脈。人体で最大の静脈である。大腸がんなどによる圧迫、深部静脈血栓症などによる閉塞がまれに起こる

肺静脈
肺で酸素を取り込んだ新鮮な動脈血を心臓に運ぶ血管。静脈であっても動脈血が流れているのは肺静脈と、妊娠中に胎盤と赤ちゃん（胎児）をつなぐ臍静脈だけである

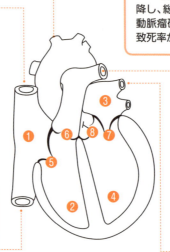

❶右心房　❺三尖弁（さんせんべん）
❷右心室　❻肺動脈弁
❸左心房　❼僧帽弁（そうぼうべん）
❹左心室　❽大動脈弁

消化器

食物の消化や吸収に関わる器官です。食道、胃、小腸の一部の十二指腸までを上部消化管、小腸（空腸、回腸）、大腸（盲腸、結腸、直腸）、肛門までを下部消化管といいます。膵臓、胆のう、肝臓は、一般的に肝胆膵系と呼ばれます。

肝臓
脂肪を消化するのに必要な胆汁をつくるほか、ブドウ糖を貯えておき、必要なときにエネルギー源として放出するなど、さまざまな物質をその都度体に必要な物資につくり変える。また、体に害のある物質を中和する働きもある

胆のう
肝臓でつくられた胆汁を一時貯蔵する臓器で、肝臓、膵臓、十二指腸とは管でつながっている

十二指腸
胃である程度消化された食べ物が十二指腸に入るとさまざまなホルモンが分泌され、その作用によって消化液の胆汁と膵液が十二指腸に流れ込む

食道
咽頭から胃に至る筋肉の管。成人の場合、長さは約25〜30cm、直径は約2〜3cm、食道の壁の厚さは約4mm。食物を飲み込むと、重力と食道の筋肉の動きで胃に送り込まれる

胃
食道から入ってきた食べ物をため、消化の第一段階を行う筋肉でできた袋状の臓器。空腹時は50〜100mℓだが、満腹時は1.5〜1.8ℓに。ペプシンという消化液でタンパク質を分解する。胃の入口を噴門、出口を幽門という

膵臓（すいぞう）
膵液という消化液をつくって十二指腸に送り出す。膵液は弱アルカリ性で、胃酸で酸性になった食べ物を中和する役割も。長さは約20cm。膵臓のランゲルハンス島では、血液中の糖分を調節するインスリンがつくられる

大腸（盲腸、結腸、直腸）
水分やミネラルを吸収するとともに、便をつくって溜めておく臓器。結腸は、上行結腸、横行結腸、下行結腸、S状結腸に分けられる

小腸（空腸、回腸）
胃や十二指腸で消化された食べ物をさらに分解し、栄養を吸収する臓器。小腸液にはさまざまな消化酵素が含まれる

呼吸器

体に必要な酸素を取り入れ、不要な二酸化炭素を排出する呼吸を行う器官です。鼻腔、副鼻腔、咽頭、喉頭までを上気道、気管、気管支、肺を下気道といいます。

鼻腔・副鼻腔・咽頭・喉頭
上気道の役割は、吸い込んだ空気を加湿、加温、浄化すること。咽頭には細菌やウイルスなどの侵入を防ぐリンパ組織の扁桃がある。また、咽頭は耳管という管で中耳につながっている

肺
肺は左右2つあり、右肺は上葉、中葉、下葉の3つに、左肺は上葉と下葉の2つに分かれている。肺の中で気管支は細かく分かれ、その先には肺胞がある

肺胞
ぶどうの房のような袋状の器官。網目のように毛細血管があり、ここで酸素と二酸化炭素が交換される（ガス交換）。肺は肺胞の集まりである

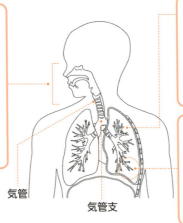

気管　気管支

腎臓と尿路

尿は腎臓でつくられ、尿管を通って膀胱にたまります。腎臓は左右2つあり、それぞれから尿管が出て膀胱につながっています。

腎臓
血液をろ過して、体に不要な水分や成分、老廃物を尿にする腎実質に囲まれたすき間に、尿路の一部でもある腎盂と腎杯がある。腎臓には血圧や体液のバランスを調節する働きもする

尿管
腎臓でつくられた尿は、腎杯から腎盂に集まり、尿路を経て膀胱へと送られる。尿管の長さは約25～30cm

膀胱
筋肉でできた袋状の臓器で、尿をためて排尿の準備をする。尿が150～200mℓほどたまると尿意を感じる

尿道
膀胱から尿道口に至る管。長さは、男性で16～20cm、女性で4～5cm。女性は尿道が短くまっすぐであり、また尿道口が膣や肛門と近接しているため、膀胱炎などの尿路感染症が起こりやすい

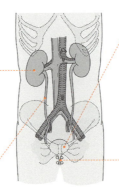

脊柱、脊椎、脊髄

脊柱（背骨）は脊椎動物の体を支えるまさに柱です。脊柱は脊椎という骨が連結してできており、人の場合は7個の頸椎、12個の胸椎、5個の腰椎、5個の仙椎（仙骨）、3〜5個の尾椎（尾骨）から成ります。脊柱には脊柱管というトンネルがあり、その中を、脳から延びる脊髄という神経が走っています。

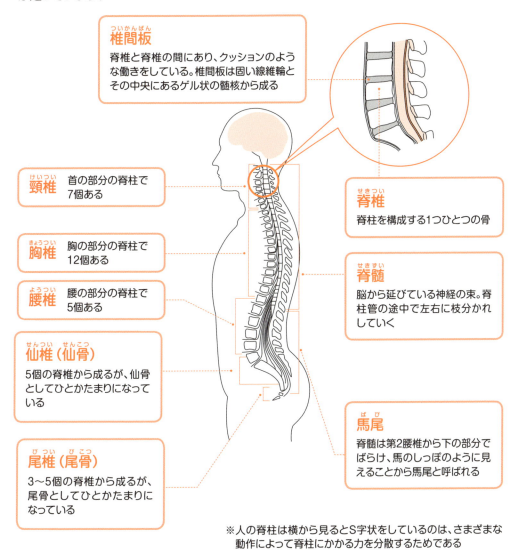

椎間板（ついかんばん）
脊椎と脊椎の間にあり、クッションのような働きをしている。椎間板は固い線維輪とその中央にあるゲル状の髄核から成る

頸椎（けいつい）
首の部分の脊柱で7個ある

胸椎（きょうつい）
胸の部分の脊柱で12個ある

腰椎（ようつい）
腰の部分の脊柱で5個ある

仙椎（仙骨）（せんつい・せんこつ）
5個の脊椎から成るが、仙骨としてひとかたまりになっている

尾椎（尾骨）（びつい・びこつ）
3〜5個の脊椎から成るが、尾骨としてひとかたまりになっている

脊椎（せきつい）
脊柱を構成する1つひとつの骨

脊髄（せきずい）
脳から延びている神経の束。脊柱管の途中で左右に枝分かれしていく

馬尾（ばび）
脊髄は第2腰椎から下の部分でばらけ、馬のしっぽのように見えることから馬尾と呼ばれる

※人の脊柱は横から見るとS字状をしているのは、さまざまな動作によって脊柱にかかる力を分散するためである

医療基礎知識❷

知っておきたい認知症知識

認知症の最大の危険因子は加齢であり、65歳以上の高齢者における有病率は8〜10%にもなります。ここでは症状を緩和させる効果のあるケア技法、認知症の当事者団体、認知症施策の推進について解説しています

パーソンセンタードケア

認知症の人を一人の「人」として尊重し、その人の視点や立場に立ってケアを行おうとする考え方。認知症ケアの根底をなす理念。その人の個別性をふまえ、集団処遇によるケアではなく、その人らしさを尊重することが必要。パーソンセンタードケアにより、「重症化させられていた状態」から本来の姿を引き出すことを可能にする

バリデーション

「共感して接すること」に重点を置いた、コミュニケーション技法のひとつ。認知症の人が騒いだり、徘徊したりすることにも「意味のある行動」として捉える。例えば相手の言ったことを繰り返す「リフレージング」は共感を示している証であり、安心感を生む。他にも相手に合わせて動く「ミラーリング」、思い出話をする「レミニシング」、体をさすったりする「タッチング」などがある

タクティールケア

肌と肌の触れ合いによるコミュニケーションに重点を置いた認知症ケアの手法。優しく触れることによって相手の存在を感じ、心の安らぎを感じることができる。肌に触れるとオキシトンホルモンが分泌され不安やストレスがやわらぐ。また心地よさや安心感が生まれると、脊髄にある痛みのゲートが閉じられて痛みが軽くなったように感じることができる

ユマニチュード

認知症であっても人格を尊重するという考え方。正面から水平に視線を合わせて「見る」、優しく前向きな言葉を使い「話しかける」、優しく背中をさするなどの「触れる」、寝たきりを防ぐために「立つ」という4つの方法が柱となっており、全部で約150もの技法がある。認知症の人と良好なコミュニケーションをとることで、お互いの負担も軽くなり、ケアの効果も高まる

ユマニチュードの4つのポイント

❶見つめる
同じ目線の高さ、20センチ程度の距離でじっと見つめる。目線の高さを同じにすることで威圧感を与えず、お互いの関係が平等であることを伝える。視野が狭くなりがちな認知症の人を驚かすことなく接することができる

❷話しかける
低めのトーン、柔らかな抑揚で、ポジティブな内容を話す。また、「これから顔を拭きますね」などと触る部分を先に言葉で伝えると安心感が生まれる

❸触れる
ゆっくり撫でるように、広い面積を優しく触れる。力まかせに掴んだり引っ張ったりせず、下から支えるようにサポートし、相手を労わっていることを伝える

❹立つ
寝かせたままにせず、できるだけ「立つ」、「歩く」サポートを行う。座ったり寝たりしているときよりも視野が広くなり、頭に入る情報量を増やすことができる。最期まで「その人らしく」を大切にするユマニチュードの考え方の原点になっている

認知症に効果がある非薬物療法

音楽療法

好きな音楽を聞いたり、カスタネットなどの簡単な楽器を奏でたり、歌を口ずさんだりといった音楽を通じたさまざまな方法で、脳を活性化させる療法。知覚が刺激されることで脳の血流が活性化され、過去に聞いた音楽を思い出すことで記憶をつかさどる脳を刺激する。気持ちを落ち着かせるリラクゼーション効果もあり、食欲が増す、笑顔が増えるなどの効果も生み出す。

芸術療法

絵や粘土細工などの表現手段を利用し、精神状態に働きかける治療法。絵画や造形を通じての自己表現は、自分自身でも見えない気持ちを映し出す鏡ともいわれ、言葉では表現できない情緒や願望を表現し、不安を解消したり感情を解放したりする効果がある。完成した作品の良し悪しよりも、作成する過程を楽しむことが重要。

動物療法

犬などの動物と散歩をしたり、抱っこをして触れ合ったりすることで、心身の安定を図る療法。重度認知症の人や意欲が低下している人にも効果があり、動物好きな人には効果が高いといわれている。表情が豊かになる、意識・意欲が高まるなどの効果がある。また、動物など自分より弱いもの、叱らないものに対し、安心感を抱き自信を取り戻すことができる。

運動療法

認知症の初期に周辺症状を軽減させるために導入される場合と、すでに寝たきり状態にある人の日常生活動作を向上させるために導入される場合がある。体を動かすことにより、運動機能、心肺機能の改善・維持、精神活動の活性化においても有効性が高い。障害された部位や疾患の進行度合いによって個々の能力障害の程度が異なるため、画一的なプログラムの設定は困難。

化粧セラピー

ゆっくりと顔をマッサージし、ほお紅と口紅を使うなどの化粧をすることで、自信や安らぎを得る療法。自分自身がきれいになることで意欲がわき、化粧をしてもらいながら他人とのコミュニケーションが持てるなどの効果がある。

アロマセラピー

精油の香りを嗅ぐことで、嗅覚を通じて香りの信号が大脳辺縁系から視床下部に伝えられ、自律神経を整える療法。また心地よい香りが大脳辺縁系に働きかけて楽しい記憶を引き出したり、気持ちが落ち着いたりという心理的な効果もある。

園芸療法

植物や園芸活動を利用して心身の状態をよりよい方法へ導いていく療法。花や土と触れ合うことにより心が癒され、五感を刺激する。植物に水をやるために屋外へ出て、体を動かすことが適度な運動となり解放感や爽快感を得ることができる。また「花を咲かせた」などという達成の喜びは、自信と新たな意欲を生む。

認知に焦点をあてたアプローチ	認知刺激療法 技能訓練など
刺激に焦点をあてたアプローチ	芸術療法 動物療法 アロマセラピーなど
行動に焦点をあてたアプローチ	行動異常を観察し評価することに基づいて介入方法を導き出す
感情に焦点をあてたアプローチ	回想法 バリデーションなど

回想法

過去の懐かしい思い出を語り合ったり、誰かに話したりすることで脳が刺激され、精神状態を安定させる効果が期待できる。子どものころ遊んでいたおもちゃ、昔の写真や音楽、映画など、過去を思い出しやすくするための道具を用意し、思い出話に耳を傾ける。懐かしい・楽しいといった思い出を蘇らせることで、精神的に心地よい環境を作り出し、認知症の進行を遅らせたりすることも可能であるといわれている。

非薬物療法のメリット

- **日中の活動性の向上**
  認知症によって不規則になった生活リズムを改善する

- **快感情による情緒安定効果**
  「楽しい」と思う体験をすることで精神の安定を図る

- **コミュニケーション能力の維持、向上**
  認知症により衰えゆく社会性を取り戻させる

- **役割を与え、自発性や意欲を向上**
  グループ活動など役割を与えることで自発性を向上させる

- **認知症への理解を広める**
  認知症に対する正しい知識と付き合い方を広めることで、快適な生活環境を構築する

認知症の当事者団体「日本認知症ワーキンググループ」

本当に必要な施策や支援の仕組みは、認知症の人に聞かなければわからない

　認知症の人のための施策や支援の仕組みをつくるためには、本来、認知症の人の意見や希望を十分に聞く必要があります。しかし、これまでは「認知症になったら何もわからなくなる」という誤解もあり、そのようなことはほとんど行われてきませんでした。そこで、認知症の人が当事者の視点から施策を提案するために、「日本認知症ワーキンググループ」が2014年10月11日に発足しました。発足メンバーは認知症と診断された40～70歳代の男女11人です。

　このような認知症の当事者団体ができるのは日本では初めてですが、海外では認知症の人が自分のことをたくさんの人に向けて積極的に話したり、認知症の当事者団体をつくる動きが10年以上前から始まっていました。2002年に英国のスコットランドで発足した「認知症ワーキンググループ」は、同政府に働きかけ、認知症と診断された直後から専門家による多様なサポートを受けられる制度など、認知症の人が本当に必要としている支援の仕組みを実現させています。

　認知症ワーキンググループをつくる動きは世界に広がり、日本認知症ワーキンググループも、各国の認知症ワーキンググループと連携しながら活動しています。

日本認知症ワーキンググループのミッション

- 全国、各地域の認知症の人の声を代弁
- 認知症の本人に関係する政策・施策への提案とフォロー(モニタリング)
- 社会の認識を変えていく(偏見・差別の解消)
- 認知症の本人の生きる希望や力を高める
- 認知症の本人がよりよく暮らしていくための早期診断、良質な診断後支援の提案・全国すべての地域での普及
- 認知症の本人が、自分らしく、よりよく暮らしていくための良き理解者・支援者となる医療・介護をはじめ、さまざまな専門職、地域住民、あらゆる分野の人たちを増やす

介護保険法改正による認知症施策の推進

(これまでのケア)
認知症の人が行動・心理症状等により危機が発生してからの「事後的な対応」が主眼

(目指すべきケア)
危機の発生を防ぐ「早期・事前的な対応」に主眼を置く

- 認知症専門医を中心とした認知症初期集中支援チームを地域包括的に配置
（家族支援も含めた初期対策をおおむね6カ月集中的に行う）
- 専任の連携支援・相談等を行う認知症地域支援推進員を配置
（地域の実情に応じて医療機関、介護サービス事業所などをつなぐ）

2015年4月1日施行

認知症の国家戦略「新オレンジプラン」

厚生労働省が公表した2025年度までの認知症予防法や診断・治療法の開発などを盛り込んだ国家戦略。以下の7つの柱で構成されている。

1. 認知症への理解を深めるための普及・啓発の推進
2. 認知症の容態に応じた適時・適切な医療・介護の提供
3. 若年性認知症施策の強化
4. 認知症の人への介護者への支援
5. 認知症の人を含む高齢者にやさしい地域づくりの推進
6. 認知症の予防法、診断法、治療法、リハビリテーションモデル、介護モデル等の研究開発
7. 認知症やその家族の視点の重視

医療基礎知識 ③

知っておきたい医療用語

医療職との連携では、たびたび医療などの専門用語が飛び交うこともあります。ここでは、Part2で取り上げた疾患に関係する基本的な医療用語、また医療・福祉器具を取り上げて解説しています

ADL

Activities of Daily Livingの略で、「日常生活動作」と訳される。食事、排泄、整容、移動、入浴など、日常生活を営む上で普通に行っている行為のこと。日本リハビリテーション医学会は、「一人の人間が独立して生活するために行う基本的な、しかも各人ともに共通に毎日繰り返される一連の身体的動作群」と定義する。

CO_2ナルコーシス

急な高炭酸ガス（CO_2）血症により、中枢神経や呼吸中枢が抑制され意識障害や呼吸抑制が生じること。在宅酸素などを行っている慢性閉塞性肺疾患（肺気腫など）の患者に、過剰な酸素を供給するとCO_2ナルコーシスを起こす。

IADL

Instrumental Activities of Daily Livingの略で、「手段的日常生活動作」と訳される。ADLを応用する必要のある動作で、電話を使用する能力買い物、食事の準備、家事、洗濯、移送の形式、外出、自分の服薬管理、財産取り扱い能力という8項目の尺度がある。

アシドーシス

体内の水素イオン濃度が下がり体液が酸性に傾くこと。重症になると意識障害に至る。呼吸器疾患、糖尿病、腎臓疾患で起こる。

アテトーゼ

自分の意思に反して起きる不随意運動。顔面や頸部、手の筋肉にゆっくりと屈曲した、ねじれるような動作が休みなく起こる。脳性麻痺や脳卒中後の後遺症でみられる。

アナフィラキシー

アレルギー反応が短い時間で全身に激しく現れること。じんましんなどの皮膚症状、腹痛や嘔吐などの消化器症状、息苦しさなどの呼吸器症状が同時に、あるいは急激に出現し場合によっては生命を脅かす（アナフィラキシー・ショック）。迅速な救急対応が必要である。

インスリン

血液中のブドウ糖が、筋肉や細胞でエネルギーに変わるときに必要なホルモン。インスリンの分泌量が減ったり、働きが悪くなったりすると血液中のブドウ糖が利用されず、血糖値が高くなる。インスリンは膵臓のランゲルハンス島という細胞のかたまりの中のβ細胞でつくられる。

植え込み式除細動器（ICD）

心室粗動や心室細動など、突然死につながる危険な頻脈に対して用いる体内植え込み型治療装置。危険な頻脈が起こったとき、自動的に電気ショックを与え、心臓の動きを元に戻す。ペースメーカーとICDの機能を併せ持つ両

心室ペーシング機能付き植え込み式除細動器（CRTD）も普及しつつある。

ウルソ

胆石や肝臓病の治療薬。作用は、①胆汁の流れをよくして胆石（小さめのコレステロール系胆石）を溶かす、②肝臓の血流をよくして肝臓の細胞を守る、肝機能改善、③食べ物の消化吸収を助ける、消化吸収改善。有効成分は生薬の熊胆（ゆうたん）に含まれるウルソデオキシコール酸。

オリーブ橋小脳萎縮症

小脳が萎縮し運動失調が起きる疾患。脊髄小脳変性症では最も多い病型。自律神経失調の症状やパーキンソン病のような症状も。運動失調の進行を抑えるためリハビリを行う。

喀痰吸引器

本人が自力で喀出できない痰などの気道や口腔内分泌物を、取り除くための装置。カテーテルを接続して使用する。気管切開をしている人に対しては、24時間一定の低圧で持続的に吸引する自動喀痰吸引器を用いることもある。

カニューレ

身体に挿入し、体液の排出や薬液の注入などのために用いる管のことをカニューレという。意識障害、腫瘍などで気管が閉塞したとき、気管切開をして装着するものを気管カニューレという。また、酸素吸入のために鼻腔に装着するものを酸素（経鼻）カニューレという。

加齢性黄斑変性

加齢に伴って眼の網膜にある黄斑部が変性を起こす疾患。初期症状はものがゆがんで見える、視野の中心がよく見えないなど。その後病状の悪化とともに眼底出血などにより視力低下や視野異常が進み失明に至る場合もある。

巨赤芽球性貧血

貧血の一種で胃の全摘手術のあとなどにみられる。血液をつくるために必要なビタミンB12の吸収が胃でしか行えないために起きる。葉酸の吸収障害もみられる。

ギランバレー症候群

自己免疫疾患の1つで男性に多い。筋肉を動かす運動神経の障害のため、四肢に力が入らなくなる。呂律（ろれつ）がまわらなくなったり、食事を飲み込みにくくなったり、場合によっては呼吸ができなくなることもある。

起立性低血圧

体位変換時、特に臥位や座位から急に立ち上がったときに血圧が下がり、ふらつきやめまい、動悸などの症状が出現。時には失神などを伴う。重力の影響で血液が頭部から下半身方向へと移動していくために起こる。

経管栄養法

脳血管障害や神経疾患などで食事や水分を飲み込むことができなくなった場合（嚥下障害）、チューブで消化管を直接栄養を投与する栄養法。経路の違いで経鼻・胃ろう・腸ろうとに分かれる。口からの食事と同様に、排尿・排便はみられる。

血栓溶解療法

脳梗塞の治療法。脳の血管に詰まっている血栓を薬剤で溶かす。「t-PA（組織プラスミノーゲンアクチベータ）」という血栓溶解薬を使用するため、「t-PA療法」ともいう。脳梗塞発症後、4.5時間以内にt-PAを静脈内投与する。

甲状腺機能低下症

甲状腺から分泌される甲状腺ホルモンが減少した状態。甲状腺の腫れ、倦怠感、疲労感、気力低下などの症状、また物忘れや錯乱、動作の緩慢さ、表情が乏しいなどから、うつ状態や認知症と間違われることがある。

在宅酸素療法（HOT）

病状は安定しているが、体の中に酸素を十分に取り込めない人に対して、自宅で酸素を吸入する治療法。「Home Oxygen Therapy」の頭文字をとって「HOT（ホット）」と呼ばれる。肺気腫、間質性肺炎、肺線維症などの呼吸器系疾患が大半を占めるが、神経疾患、がんなどさまざまな疾患が対象となる。

サルコペニア

高齢になるに伴い、筋肉量が減少していく現象。ギリシア語で骨格筋の減少を意味し、サルコ（筋肉）とペニア（減少）の造語。個人差はあるが、40歳前後から徐々に減少傾向がみられ、加齢に伴って加速化していく。

酸素吸入器

空気よりも高濃度の酸素を投与するための器具。酸素吸入は、呼吸機能や肺機能が低下している人に対して、動脈血に含まれる酸素の量（動脈血酸素分圧＝PaO_2）を正常に保つために行う。酸素を吸入する器具は、鼻腔カニューレ、フェイスマスク、より高濃度の酸素を投与するリザーバー付きマスクなどがある。

ジギタリス中毒

強心剤の一種であるジギタリスの血中濃度上昇により起きる。悪心などの消化器症状、徐脈などの症状がある。ジギタリスは心房細動による頻脈の治療に用いられ、心臓の収縮力を増大させ、心拍数やリズムを調整する作用がある。

糸球体腎炎

糸球体は腎臓の中にある器官で、血液を濾過して原尿をつくっている。この糸球体の炎症によって、タンパク尿や血尿が出る疾患を総称して糸球体腎炎という。慢性のものと急性のものがあり、それぞれ慢性腎炎、急性腎炎とも呼ばれる。正確な診断が予後に影響する。

自動点滴装置

1時間あたりの輸液量を正確に投与するための装置。より正確に、微量の薬剤を点滴投与する場合は、注射器をセットするシリンジポンプを使用する。

シャイ・ドレガー症候群

脊髄小脳変性症の1つ。自律神経系の変性を主体とする原因不明の疾患で、起立性低血圧や排尿困難、尿失禁、便秘、発汗異常など自律神経の障害が現れる。

遮光眼鏡

まぶしさの要因となる紫外線と青色光線を効果的にカットし、それ以外の光をできるだけ多く通すようにつくられた特殊カラーフィルターレンズ。白内障の初期や手術後、緑内障による視野の狭窄、その他視神経疾患など、まぶしさにより見えにくさを感じるときに有効。

人工呼吸器

筋萎縮性側索硬化症（ALS）や筋ジストロフィー、脳血栓などの病気が原因で自発呼吸ができない人の肺に、空気を送り込む装置。鼻マスクによって呼吸を補助する非侵襲的人工呼吸療法と、気管切開して人工呼吸器に接続する侵襲的人工呼吸療法がある。

人工透析

腎不全のため体の中にたまっていく老廃物や、余分な水分を定期的に排出する方法。通院して行う血液透析と、主に在宅で行う腹膜透析がある。糖尿病などの腎不全患者の増加に伴い、在宅自己腹膜灌流法も増加傾向にある。

心臓喘息

急性心不全の俗称。咳や呼吸困難は気管支炎と共通するが、発症の原因やメカニズムは異なり、高血圧や急性心筋梗塞が引き金となる。激しい呼吸困難に陥り、咳や泡の混じった痰が出るといった症状が現れる。

心房細動

不整脈の一種。高齢者によくみられ、心房が細かく震え脈が乱れる。心房細動は心臓内での血栓をつくりやすく、脳梗塞の原因となる場合もあるため、血液を固まりにくくするために抗凝固薬を使用することがある。

睡眠時無呼吸症候群（SAS）

睡眠中に呼吸停止、低呼吸になること。筋弛緩により舌根部や軟口蓋が下がり、気道を閉塞することが原因。脳血管障害・重症心不全などによる呼吸中枢の障害で呼吸運動が消失する場合がある。

ステロイド薬

体の中の炎症を抑えたり、体の免疫力を抑制する作用のある薬剤。ステロイドホルモン薬ともいう。ステロイドホルモンは、腎臓の上端にある副腎という器官からつくられる副腎皮質ホルモンのひとつ。長期に一定量以上を服用している場合、急に使用を中止するとステロイド離脱症候群に注意が必要である。

ダンピング症候群

切除後後遺症のひとつで、胃切除手術を受けた患者の15～30％に起こる。早期は炭水化物が急速に小腸に流出するために、冷や汗、めまい、腹痛、全身倦怠感などの症状が現れる。後期はインスリンの過剰分泌による低血糖になることで、初期と同様の症状が現れる。

チアノーゼ

心疾患、肺疾患、喘息発作などにより血液中の酸素濃度が低下し、口唇、顔、手足の爪などが暗紫色に変色する状態。寒さなどによって健康な人にもみられるが、生命の危機が生じているという信号の場合もあり、注意が必要。

低用量アスピリン

血液を固まりにくくさせる効果のある抗血小板薬のひとつ。狭心症や心筋梗塞、脳梗塞などの患者に対して、血栓ができるのを予防する目的で投与する。アスピリンはもともと消炎鎮痛解熱薬だが、低用量では血小板凝集を抑制する作用がある。

デブリードメント

壊死、損傷、感染した組織を、メスやハサミで切除すること。創傷の回復を促すための外科的処置で、ケガや褥瘡、糖尿病によってできた壊死部位などに対して行う。デブリードメントで創傷を刺激することが、組織の生成を助ける。

ドライマウス

唾液の分泌量が減ったために、口や喉が渇く、パンやクッキーが食べにくい、味を感じにくい、口臭がするなどの症状が現れる。主な原因は、加齢、薬剤の副作用、咀嚼力の低下。糖尿病や腎臓病、ストレスなどが影響することも。ドライマウスは口の機能低下の一因になる。

Part 3 知っておきたい医療用語

ドレッシング材

術後の処置や傷口を保護するために、覆ったり巻いたりするものの総称。傷口の保護、保湿、汚染防止、浸出液の管理など治癒を促す目的で使用する。

内視鏡

先端に対物レンズと照明レンズのついた管を体の中に挿入して観察し、ときには処置、治療を行う医療機器。食道や胃などの上部消化管、大腸（下部消化管）、小腸、膵臓・胆道内といった消化器系だけでなく、脳、耳鼻咽喉、気管支、泌尿器、子宮、関節など、さまざまな器官のためのものがある。

尿路結石

腎臓から尿道までの尿路に生じる石のようなかたまり。まず、シュウ酸カルシウム、リン酸カルシウム、尿酸などが尿中で飽和状態となり結晶ができる。次に、それを核にして表面にシュウ酸、リン酸、尿酸が付着して大きくなり結石に。微小な結晶や結石は無症状のうちに尿中に排泄されるが、ある程度大きなものは疼痛や血尿の原因になる。

ネフローゼ症候群

多量のタンパクが尿中に出てしまう結果、低タンパク血症が起こり浮腫やコレステロールの上昇などがみられる疾患。薬物療法に加え、減塩食の食事治療が必要。

ノルウェー疥癬

角化型疥癬のこと。初めて論文で報告したのがノルウェー人だったことからノルウェー疥癬とも呼ばれる。

肺気腫

終末細気管支とそれに付随する肺胞が破壊され、異常に拡大してしまった状態。酸素を取り込んで二酸化炭素を排出する、ガス交換の効率が悪化する。呼吸時にゼーゼー、ヒューヒューと音を立てる喘鳴、労作時呼吸困難が生じる。慢性閉塞性肺疾患（COPD）の一病体。

パルスオキシメーター

動脈の血液中の酸素量（血中酸素飽和度：SpO_2）を測定する機器。脈拍も表示されるので、呼吸器、循環器の状態が測定できる。携帯用もあり、老人施設や在宅で使われている。

ピークフローメーター

ピークフロー値（十分息を吸い込んだ状態で、勢いよく息を吐いたときの息の速さ）の計測器。主に気管支喘息の管理に使用。気道が狭くなっているときは、ピークフロー値が低くなるため毎日記録し、変化を見ることで発作の予防ができる。

ピック病

若年性認知症のひとつ。脳の前頭葉から側頭葉にかけての部位が萎縮し、性格の変化や理解不能な行動が特徴。うつ病や統合失調症と間違えられることも多い。

腹腔鏡、胸腔鏡

内視鏡の1つで、先端に付いている対物レンズと照明レンズで体の内部を観察できる。腹腔内に使用するものを腹腔鏡、胸腔内に使用するものを胸腔鏡という。腹腔鏡（胸腔鏡）手術では、腹部（胸部）に小さな孔を数カ所あけ、そこから腹腔鏡（胸腔鏡）のほか、鉗子など専用の手術器具を挿入し、腹腔鏡（胸腔鏡）によってモニターに映し出された映像を見ながら処置を行う。

フレイル

年齢に伴って筋力や心身の活力が低下した状態のこと。もともとは弱さ・虚弱という意味の英語で、健康と病気の「中間的な段階」を指す。75歳以上の多くの場合、フレイルを経て徐々に要介護状態に陥ると考えられている。

ペインコントロール

モルヒネなどを用いて、患者の苦痛となる痛みを抑える治療方法。モルヒネには鎮痛、気分の昂揚、催眠、鎮咳などの中枢神経作用などがあり、がんに伴う激しい咳や息苦しさを緩和する。

ペースメーカー

徐脈性不整脈の治療に用いられる医療機器。心臓を規則正しく動かすために、人工的に電気信号を発信する。内部に電池と制御回路が収まっている。植え込む位置は一般的に左胸部。6〜12カ月ごとに作動状況をチェックする。

ペースメーカー手帳、ICD手帳

ペースメーカーやICD（植え込み式除細動器）を植え込んでいる人のための手帳で、本人の病気と機器の情報、病院での治療内容などを記す。心臓以外の疾患で他院にかかる際や、空港での金属探知機によるセキュリティーチェックの際、万が一意識を失った際などに役立つ。外出時は常に持ち歩くようにする。

溶血性尿毒症症候群

溶血性貧血（赤血球が異常に早く破壊されるために起こる貧血。赤血球の寿命は通常約120日）、血小板減少、腎障害を3徴候とする疾患。5歳未満の小児や高齢者に多くみられる。原因は病原性大腸菌（O157など）の感染で、約90%は下痢を伴う。発熱、腹痛、吐き気、嘔吐などの症状も。

ラクナ梗塞

皮質下の脳梗塞のうち、大きさが1.5cm以下の小さな脳梗塞のこと。ラクナ梗塞では、梗塞する部分が小さいので、症状が出ないこともあり、発作がないままに脳のあちこちに発生して症状が進行していく場合もある。多発性脳梗塞になると言語障害、歩行障害、嚥下障害、認知症といった症状が現れる。

リンパ節郭清

がんの手術で、がんの切除に加え、がんの周囲にあるリンパ節を取り除くこと。がん細胞はリンパ節を通って全身に広がる性質（リンパ行性転移）があるため、がんが転移している可能性のあるリンパ節を切除して再発を防ぐ。

リンパ浮腫

リンパの流れが滞っているために、進行性の浮腫が腕や足に現れる。乳がん、子宮がん、卵巣がん、前立腺がん、皮膚がんなどの治療による後遺症のひとつ。手術直後に発症することもあれば、10年以上経ってから発症することもある。リンパドレナージや圧迫法など適切な治療により改善する。

ロコモティブ症候群

骨・関節・筋肉などの運動器（ロコモティブオーガン）の衰えや障害によって、生活の自立度が低下し、寝たきりになったり、要介護になったりするリスクが高まる状態のこと。予防のためには原因となっている病気の治療だけでなく、全身の状態を改善し生活の質を保つようにすることが重要。

医療基礎知識 ④ 知っておきたい薬一覧

ケアプラン作成のためにも、利用者が普段から服薬している薬についての名前と、どのような効果があるのかということは把握しておく必要があります

分類		一般名	主な商品名
● 糖尿病の治療薬			
インスリン分泌促進薬（分泌を促す）	スルフォニル尿素薬	グリクラジド グリベンクラミド グリメピリド	グリミクロン オイグルコン ダオニール アマリール
	インクレチン関連薬	シタグリプチン酸塩水和物 ビルタグリプチン アログリプチン安息香酸塩 リラグルチド エキセナチド	ジャヌビア グラクティブ エクア ネーシナ ビクトーザ バイエッタ
糖類吸収遅延薬（食後の血糖値を抑える）	αグルコシターゼ阻害薬	アカルボース ボグリボース ミグリトール	グルコバイ ベイスン セイブル
	即効性インスリン分泌薬	ナテグリニド ミチグチニドカルシウム水和物	スターシス ファスティック グルファスト
インスリン抵抗性改善薬（インスリンの効きをよくする）	ビグアナイド薬	メトホルミン塩酸塩 ブホルミン塩酸塩	グリコラン メルビン メデット メトグルコ ジベトス
	チアゾリジン薬	ピオグリタゾン塩酸塩	アクトス
インスリン製剤（注射薬）	超速効型	―	ヒューマログ、ノボラピッド、アピドラ
	速効型	―	ヒューマリンR、ノボリンR
	中間型	―	ヒューマログN、ヒューマリンN、ノボリンN、イノレットN

分類		一般名	主な商品名
インスリン製剤（注射薬）	混合型	—	ヒューマログミックス25他、ノボラピッド30ミックス他
	持続型	—	レベミル、ランタス

●脂質異常症の治療薬

分類		一般名	主な商品名
コレステロールの合成を妨ぐ	スタチン（HMG-COA還元酵素阻害薬）	プラバスタチンナトリウム シンバスタチン フルバスタチンナトリウム アトルバスタチンカルシウム水和物 ピタバスタチンカルシウム ロスバスタチンカルシウム	メバロチン リポバス ローコール リピトール リバロ クレストール
コレステロールの吸収阻害と吸着を防ぐ	小腸コレステロールトランスポーター阻害薬	エゼチミブ	ゼチーア
	レジン（陰イオン交換樹脂）	コレスチラミン コレスチミド	クエストラン コレバイン
コレステロールを排出	プロブコール	プリブコール	シンレスタール ロレルコ
中性脂肪の合成を阻害、分解促進	フィブラート剤	ベザフィブラート フェノフィブラート	ベザトールSR リピディル
	ニコチン酸製剤	ニセリトロール α-ニコチン酸トコフェロール	ペリシット

●慢性心不全の治療薬

分類	一般名	主な商品名
アンジオテンシン交換酵素阻害薬	マレイン酸エナラプリル リシノプリル	エナラプリル エナラート ゼストリル
アンジオテンシンⅡ受容体拮抗薬	カンデサルタン ロサルタン	ブロプレス ニューロタン
カルシウム拮抗薬	ニフェジピン アムロジピンベシル酸塩 ニトレンジピン	アダラート ノルバスク バイロテンシン
β遮断薬	カルベジロール メトプロロール	アーチスト、アテノート アニスト、セロケン ロブレソール
利尿剤	フロセミド スピロノラクトン	ラシックス、オイテンシン アルダクトンA

●パーキンソン病の治療薬

分類	一般名	主な商品名
レボドパ製薬	レボドパ・ベンセロジド塩酸塩製剤	マドパー配合剤 イーシー・ドパール配合錠

Part 3　知っておきたい薬一覧

分類	一般名	主な商品名
ドーパミンアゴニスト	ブロモクリプチン	パーロデル
●不整脈の治療薬		
塩酸メキシレチン	ー	メキシチール
リン酸ジソピラミド	ー	リスモダンR
●認知症の治療薬		
AChE阻害薬	ドネペジル塩酸塩 ガランタミン臭化水素酸塩 リバスチグミン	アリセプト レミニール イクセロンパッチ リバスタッチパッチ（貼用）
NMDA受容体拮抗薬	メマンチン塩酸塩	メマリー
脳循環代謝改善薬	ニセルゴリン イフェンプロジル酒石酸塩 イブジラスト 塩酸メクロフェノキサート	サアミオン セロクラール ケタス ルシドリール
●高血圧の治療薬		
カルシウム拮抗薬	ニフェジピン アムロジピン マニジピン アゼルニジピン ベニジピン エホニジピン	アダラート アムロジン カルスロット カルブロック コニール ランデル
ACE阻害薬	カプトプリル キナプリル リシノプリル イミダプリル エナラプリル	カプトリル コナン ゼストリル ロンゲス タナトリル レニベース
ARB	イルベサルタン オルメサルタン ロサルタン バルサルタン カンデサルタン テルミサルタン	アバプロ オルメテック ニューロタン ディオバン ブロプレス ミカルディス
サイアザイド系利尿薬	ヒドロクロロチアジド	ダイクロトライド
サイアザイド系利尿薬	トリクロルメチアジド	フルイトラン
ループ利尿薬	フロセミド	ラシックス

分類	一般名	主な商品名
抗アルドステロン性利尿薬	スピロノラクトン トリアムテレン	アルダクトンA トリテレン
β遮断薬	ベタキソロール メトプロロール アテノロール アセブトロール セリプロロール プロプラノロール チリソロール ボピンドロール カルテオロール	ケルロング セロケン テノーミン アセタノール セレクトール インデラル セレカル サンドノーム ミケラン
α遮断薬	ドキサゾシン プラゾシン	カルデナリン ミニプレス
合剤	ロサルタン ヒドロクロロチアジド	プレミネント

● 前立腺肥大の治療法

分類	一般名	主な商品名
α遮断薬 (前立腺、尿道の筋肉をゆるめ排尿しやすくする)	タムスロシン塩酸塩 シロドシン テラゾシン塩酸塩水和物 ウラピジル プラゾシン塩酸塩	ハルナール ユリーフ バソメット エブランチルカプセル ミニプレス
抗アンドロゲン薬（男性ホルモン抑制）	クロルマジノン酢酸エステル	ルトラール エフミン プロスタール プロスタールL
5α還元酵素阻害薬（男性ホルモン生成抑制）	デュタステリド	アボルブ
コリンエステラーゼ阻害薬（排尿障害）	ジスチグミン臭化物	ウブレチド
副交感神経亢進・膀胱収縮 膀胱収縮抑制・頻尿や尿失禁	ベタネコール塩化物 オキシブチニン塩酸塩 プロピベリン塩酸塩 酒石酸トルテロジン コハク酸ソリフェナシン	ベサコリン散 ポラキス バップフォー デトルシトール ベシケア
副交感神経亢進・膀胱収縮 膀胱収縮抑制・頻尿や尿失禁	イミダフェナシン	ウリトス ステーブラ

● 関節リウマチの治療薬

分類	一般名	主な商品名
非ステロイド性消炎鎮痛剤（NSAIDS）	プロピオン酸化合物 ジクロフェナク インドメタシン アセチルサリチル酸	ロキソニン ボルタレン インダシン アスピリン

Part 3 知っておきたい薬一覧

分類	一般名	主な商品名
抗リウマチ薬	金チオリンゴ酸ナトリウム オーラノフィン D-ペニシラミン ブシラミン ロベンザリット アクタリット サラゾスルファピリジン	シオゾール リドーラ メタルカプターゼ リマチル カルフェニール オークル サラゾピリン
副腎皮質ステロイド薬	プレドニゾロン	プレドニン
免疫抑制剤	メトトレキサート サイクロフォスファミド アザチオプリン ミゾリビン	リウマトレックス エンドキサン イムラン ブレディニン

● 骨粗しょう症の治療薬

分類	一般名	主な商品名
ビスホスホネート製剤	エチドロン酸ニナトリウム リセドロン酸ナトリウム水和物 アレンドロン酸ナトリウム水和物	ダイドロネル、ベネット、アクトネル、ボナロン、フォサマック
活性型ビタミンD3製剤	アルファカルシドール カルシトリアール	アルファロール ワンアルファ ロカルトロール
ビタミンK2製剤	メナテトレノン	グラケー
選択的エストロゲン受容体調節薬（SERM）	ラロキシフェン	エビスタ
カルシトニン製剤	サケカルシトニン	サーモトニン筋注

● 抗菌薬

分類	一般名	主な商品名
ペニシリン系	アモキシシリン アモキシシリン・クラブラン ベンジルペニシリンカリウム ペニシリン	サワシリン オーグメンチン ペニシリンG ビクシリン
テトラサイクリン系	ミノサイクリン塩酸塩 オキシテトラサイクリン	ミノマイシン テラマイシン
セフェム系	セフジニル セファクロル セフカペンピボキシル塩酸塩	セフゾン ケフラール フロモックス
ニューキノロン系	レボフロキサシン	クラビット
マクロライド系	エリスロマイシンステアリン酸塩 クラリスロマイシン アジスロマイシン	エリスロシン クラリス ジスロマック

分類	一般名	主な商品名
● 抗血液凝固薬		
血小板凝集阻害	アルガトロバン	ノバスタン
血栓溶解	アルテプラーゼ ナサルプラーゼ	アクチバシン グルトパ トロンボリーゼ
血液抗凝固	ヘパリンナトリウム	ノボ・ヘパリン
血液凝固因子生成阻害	ワルファリンカリウム	ワーファリン
抗血小板及び血管拡張作用	シロスタゾール ベラプロストナトリウム	プレタール プロサイリン ドルナー
血小板機能抑制	塩酸チクロピジン	パナルジン
フィブリン溶解	ウロキナーゼ	ウロキナーゼ ウロナーゼ カルトキナーゼ
抗血小板凝集抑制と血管収縮抑制	塩酸サルポグレラート	アンプラーグ
フィブリン溶解・血栓溶解	チソキナーゼ	プラスベータ ハパーゼコーワ
血小板凝集抑制・血小板血栓形成阻止	アスピリン	バイアスピリン
● 狭心症の治療薬		
硝酸薬	一硝酸イソソルビド 硝酸イソソルビド ニトログリセリン	アイトロール ニトロール フランドル ニトロペン
冠血管拡張薬	ジピリダモール ニコランジル 塩酸ジラゼプ トラピジル	ペルサンチン シグマート コメリアン ロコルナール
カルシウム拮抗薬	ジルチアゼム塩酸塩 ニフェジピン ベニジピン塩酸塩 アムロジピンベシル酸塩 エホニジピン塩酸塩	ヘルベッサー アダラート コニール ノルバスク アムロジン ランデル
β遮断薬	カルベジロール プロプラノロール塩酸塩 ビソプロロール	アーチスト インデラル メインテート

医療基礎知識 5

終末期における
ケアマネジャーの役割

かつては病院で看取られることも多く、ケアマネジャーが終末期に関わる機会は多くありませんでしたが、現在では自宅での最期を希望する利用者も増えています

その人らしい最期を迎える支援

　終末期とは、老衰・病気・障害の進行により死に至ることを回避する方法がなく、予想される余命が約3カ月以内と予想される期間のことです。その終末期の患者に対して、治療ではなくケアを重点的に行う医療をあり方をターミナルケアといいます。

　ターミナルケアとは終末期に関わる医療や介護のことを示すものの、延命医療のみでは望まれる幸福な看取りとはなりません。さらに、最期が近づくにつれて医療は無力で対症療法となり、緩和医療として身体だけでなく精神的な痛みや苦しみを取り除く必要があります。

　また希望する最期の迎え方は一人ひとり異なります。本人が心構えや覚悟の意思表示をできるときに、残された家族に伝えていく機会もつくっていきましょう。

終末期のコーディネーター

　終末期においてケアマネジャーが、ケアプランを作成するにあたり大切なことは、本人の気持ちをしっかりと汲み取り、その意向に従い、介護医療を適切にコーディネートすることです。また、ケアマネジャーのみが責任を負ってケアプランが決定されるわけではなく、本人、家族、医師、看護師、介護福祉士、療法士などの多職種の意見を統括して決定していきます。

　さらに取り巻く環境により、リーダーシップをとり、ファシリテート（まとめ、交渉）する人は変化します。そのためにケアマネジャーは、本人を取り巻く人のコーディネーター（調整役）といってもよいでしょう。

ターミナルケア（終末期ケア）の目的

終末期の患者は病気の進行により、特定の臓器の機能不全または多臓器不全になっているので、医学的・生物的に延命は不可能であり延命治療は行わず、身体的苦痛や精神的苦痛を緩和・軽減させる治療を行う。人生の質、クオリティ・オブ・ライフ（QOL）を維持・向上することを目的として、医療的処置（緩和医療）に加え、精神的側面を重視した総合的な措置がとられる

終末期における4つの苦痛の緩和

❶身体的苦痛
嘔吐、呼吸困難などのさまざまな身体症状を緩和させる治療を行う。身体的症状の緩和が、苦痛緩和における第一歩

❷精神的苦痛
進行する症状についてのいらだちや死を直前にした不安、絶望感に襲われる。精神的苦痛を取り除き、死が訪れるまで生きていることに意味を見出せるような心のケアを行う

❸社会的苦痛
経済的な不安、家族への介護負担に対しての不安を抱えることも多い。終末期～死後の家族へのサポートも重要

❹スピリチュアル的苦痛
人生の意味や自己の存在意義などを考えるようになる。「本人の尊厳を大切にする」ケアを行う。その人の味わっている虚無感、孤独感を理解していることを示して、そのことを感じ取ってもらう

終末期の利用者にケアマネジャーが行う支援

- その人らしい最後を迎えるための支援、その家族に必要な支援
- 残された時間を尊厳を保って生きられるような支援

終末期におけるケアプラン作成のポイント

アセスメント

衰弱期
- 体調の変化、衰弱の徴候を見逃さない
- 治療方針について話し合い、可能な限り本人と家族の希望を叶える
- 緊急時の対応、連絡はどうするか

終末期
- 本人、家族が望んでいることはなにか
- 最期をどのように、どこで看取ってほしいのか
- 医療との連携で苦痛緩和の対応

カンファレンス

- アセスメントをもとに、医療職、栄養士、生活相談員、介護職員などと情報を共有し、ケアプランを決定し、協力体制を確保する
- 家族にケアプランの内容を説明し、承諾を得る

介護保険制度

- 第2号被保険者は、余命6カ月以内のがん末期患者は介護保険サービスを利用できる（迅速な要介護認定の実施が行われる）
- 介護老人福祉施設で療養している末期がんの患者については、訪問看護療養費が認められている
- 認定結果が出る前の段階であっても暫定ケアプランを作成して、介護サービスも提供を開始できる

終末期の医療・ケア用語

エンゼルケア

亡くなった方の死後の処置をすること。人生の最期にふさわしい姿に整えるために保清や化粧を施す。死者の尊厳を守る処置であり、遺族の心のケアとしても重要な意味を持つ

緩和ケア

終末期にある患者とその家族にとって、できる限りの最高のQOL（生活の質）を実現するための医療。食事を楽しむケアや、苦痛や不快感を最低限にするためのケアを行う

グリーフケア

人との死別時に自然と始まる立ち直りのためのプロセス。グリーフとは「悲嘆」という意味で大切な人と死別したときの苦痛を受け入れ、悲しみを乗り越えていく過程を支援する

作業療法士

医師の指示のもとに園芸・手芸・農耕・畜産などの作業を行うことにより、障害者の身体運動機能や精神機能の改善を目指す治療を行う。最近では音楽療法士や園芸療法士などの民間資格も誕生し、社会的ニーズが高まっている

ホスピス

終末期にある患者などに延命を目的とする治療を行うのではなく、身体的、心理的苦痛から解放され、快適に生活ができるように医療ケアを提供する施設。ケアを提供する場により「施設ホスピス」、「在宅ホスピス」などと呼ばれるが、基本的な理念については共通している

理学療法士

医師の指示のものとにケガや病気で身体に障害のある人に対して、基本動作能力の回復や維持、障害の悪化予防を目的に運動療法・物理的療法を行う。終末期の緩和ケアのために、理学療法士がマッサージやトレーニングを行うこともある

加速する高齢化

現在、人口が頂点を過ぎ、少子高齢化と人口減少を社会背景に、多死社会となり晩年期から終末期にかけての医療が、多くの国民に必要とされる時代となりました。また、同時に高齢者の生きがいを見出し、介護や生活環境の整備は欠かすことができなくなっています。多くの方は、人生の最後の10年は、少なからず介護が必要になるといわれています。

また医療が進歩し長寿社会になり、人口に対する高齢者の割合が増え続けてきました。50年前には自宅で終末期を迎えることが8割でしたが、現在は病院が8割と逆転しています。また、高齢化に伴い、医療や介護に使われる社会保障費が増え続け、財源が枯渇しようとしています。

先進国は同様の問題を抱えつつありますが、高齢先進国とされる日本の状況は、世界からも注目されています。世代を超えて、社会保障システムが存続するためには、制度に頼るだけではなく、次世代を見据えた国民一人ひとりの意識も大切です。

索引

アルファベット

ADL 142
CO$_2$ナルコーシス 142
EPA製剤 26
IADL 142
MRSA感染症 92
O157感染症 93

あ

アテトーゼ 142
アシドーシス 142
アセチルコリン 33
アナフィラキシー 142
アルツハイマー型認知症 32, 33
アロマセラピー 138
胃がん 116
胃潰瘍 62
医療ソーシャルワーカー（MSW） 14
インスリン 142
インフルエンザ 91
植え込み式除細動器 46, 142
ウルソ 143
運動療法 138
園芸療法 139
エンゼルケア 157
オリーブ橋小脳萎縮症 143
音楽療法 138

か

介護医療型医療施設 17
疥癬 104
回想法 139
介護老人保健施設 17
喀痰吸引器 143
カニューレ 143
加齢性黄斑変性 143
肝硬変 72
間質性肺炎 59
関節リウマチ 98
感染性胃腸炎 90
嵌頓 79
緩和ケア 157
期外収縮 46
機械的閉塞 68
機能的閉塞 68
気管支炎 56
気管支喘息 52
急性気管支炎 56
急性硬膜下血腫 41
急性腎不全 80
急性胆のう炎 74
胸腹鏡 146
虚血性大腸炎 76
巨赤芽球性貧血 143
狭心症 44
ギランバレー症候群 143
起立性低血圧 143
筋萎縮性側索硬化症（ALS） 122
グリーフケア 157
くも膜下出血 36
芸術療法 138
経管栄養法 143
化粧セラピー 138
血管攣縮性狭心症 44
血栓溶解療法 143
限局性浮腫 125
降圧目標 23
高血圧 22
甲状腺機能低下症 144
口内炎 114
誤嚥性肺炎 50
骨粗しょう症 96

さ

サービス担当者会議 18
在宅酸素療法（HOT） 144
作業療法士 157
サルコペニア 144
酸素吸入器 144
ジギタリス中毒 144
糸球体腎炎 144
脂質異常症 26
歯周病 112
自動点滴装置 144
シャイ・ドレガー症候群 144
若年性認知症 34, 140
遮光眼鏡 144
周辺症状 32, 35
褥瘡 102
十二指腸潰瘍 64
終末期ケア 155
徐脈 46
脂漏性皮膚炎 106
神経因性膀胱 86
人工呼吸器 144
人工透析 145
心臓喘息 145
心房細動 145
心不全 48